대원불교
학술총서

24

대원불교
학술총서

24

불교윤리학 입문

. . .

Buddhist Ethics:
A Very Short Introduction
(2nd Edition)

. . .

데미언 키온 지음
조은수 옮김

. . .

운주사

발간사

오늘날 인류 사회는 4차 산업혁명을 통해 완전히 새로운 세상을 맞이하고 있습니다. 전통적인 인간관과 세계관이 크게 흔들리면서, 종교계에도 새로운 변혁이 불가피하게 되었습니다. 이런 상황에서 대한불교진흥원은 다음과 같은 취지로 대원불교총서를 발간하려고 합니다.

첫째로, 현대 과학의 발전을 토대로 불교를 현대적으로 재해석할 필요가 있습니다. 불교는 어느 종교보다도 과학과 가장 잘 조화될 수 있는 종교입니다. 이런 평가에 걸맞게 불교를 현대적 용어로 새롭게 이해할 수 있도록 하려고 합니다.

둘째로, 현대 생활에 맞게 불교를 이해할 필요가 있습니다. 불교가 형성되던 시대 상황과 오늘날의 상황은 너무나 많이 변했습니다. 이런 변화된 상황에서 부처님의 가르침을 제대로 이해할 수 있도록 하려고 합니다.

셋째로, 불교의 발전과정을 종합적으로 이해할 필요가 있습니다. 북방불교, 남방불교, 티베트불교, 현대 서구불교 등은 같은 뿌리에서 다른 꽃들을 피웠습니다. 세계화 시대에 부응하여 이들 발전을 한데 묶어 불교에 대한 총체적 이해가 가능하도록 하려고 합니다.

대원불교총서는 대한불교진흥원의 장기 프로젝트의 하나로서 두 종류로 출간될 예정입니다. 하나는 대원불교학술총서이고 다른 하나는 대원불교문화총서입니다. 학술총서는 학술성과 대중성 양 측면을

모두 갖추려고 하며, 문화총서는 젊은 세대의 관심과 감각에 맞추려고
합니다.

　본 총서 발간이 한국불교 중흥에 조금이나마 기여할 수 있기를
바랍니다.

　　　　　　　　　　　불기 2568년(서기 2024년) 11월
　　　　　　　　　　　　　(재)대한불교진흥원

감사의 말

이 책은 런던대학의 골드스미스 칼리지(Goldsmiths College, University of London)에서 수년간 강의한 내용을 바탕으로 집필한 것이다. 불교윤리학이라는 주제에 대해 관심을 보이고 좋은 질문 그리고 제안을 해주었던 현재와 과거의 학생들에게 감사를 표한다. 또한 2003~2004년도 1년간 집필에 전념할 수 있도록 안식년을 지원해 준 대학 당국과 문리대 연구처에도 감사를 드린다. 많은 분들이 이 책의 간행에 도움을 주었다. 옥스퍼드 출판부는 이전에 출간된 본인의 *Buddhism: A Very Short Introduction*의 제2장과 제8장의 내용 일부를 재사용하게 허락해 주었다. 나의 제자 프라가티 사니는 제3장 집필에 보조해 주었다. 당시 옥스퍼드대학 출판부에 있던 조지 밀러 씨 덕분에 이 집필 작업을 시작하게 되었고, 이 책이 완성되어 초판이 나오는 과정은 엠마 심슨 씨와 마샤 필리온 씨가 담당하여 주었다. 그리고 제2판이 출판되는 과정은 제니 누기 씨와 레베카 달리 씨가 도움을 주었다. 출판부의 이분들 모두에게 감사를 드린다. 마지막으로 이 모든 과정 하나하나를 돕고 격려해 준 나의 에이전트 토니 모리스 씨에게도 감사를 표한다.

서문

'불교윤리학'(Buddhist Ethics)이라는 분야는, 난해한 별개의 두 가지 지식 분야인 '불교'와 '윤리학'이 만나서 이루어진 것이다. 옥스퍼드대학 출판부에서 간행하고 있는 〈A Very Short Introduction〉 시리즈에는 이미 이 두 분야 각각에 대한 책들이 다수 출간되어 있다. 따라서 이 작은 책으로 그 책들을 대신하려는 것은 물론 아니다. 이 책은 그 두 분야가 만나서 새롭게 형성된 지적 탐구의 분야로서 최근 크게 관심을 끌고 있는 '불교윤리학'이라는 특정 분야에 초점을 맞추었다.

이 책은 불교에 대해 어느 정도 기초 지식을 가지고 있는 독자를 가정하여 집필된 것이다. 불교에 대한 사전 지식이 없는 분이라면 필자가 쓴 *Buddhism, A Very Short Introduction*(데미언 키온, 고승학 번역, 『불교』, 교유서가, 2020)을 참고하셔도 좋겠다. 그 책의 윤리 관련 내용 일부, 특히 제1장의 업에 대한 설명 부분은 여기에 다시 개제하였다. 그러나 사성제와 같은 기초적 불교 교리는 이 책에 포함시키지는 않았다.

한편으로 다양한 층의 독자들이 이 책을 읽게 되기를 기대한다. 윤리적 문제에 관심 있는 불교인, 불교에 관심이 있는 윤리학자, 또는 다른 세계 종교와 연계하여 불교윤리에 대해서 알아보고자 하는 고등학생이나 대학생들도 염두에 두었다. 서양에서 이미 제기되고 있는 복잡하고 논쟁적인 윤리 문제들에 대해 불교나 동양의 전통에서는 어떤 해석을 내리는지에 대해 궁금해 하는 독자들에게도 유용할 것 같다.

이 책을 통해 독자들은 현대세계가 직면한 윤리적 딜레마에 불교는 어떤 입장을 취하는지에 대해 전반적 전망을 얻을 수 있을 것이다. 이 책에서는 현대사회가 직면한 다음 여섯 가지의 주제들을 다룬다. 동물과 환경, 성과 젠더, 전쟁과 폭력 그리고 테러리즘, 낙태, 자살과 안락사, 그리고 최근의 과학과 기술의 발전 등의 여섯 주제이다. 이들 개별 주제에 대한 논의로 나가기 전 사전 단계로서 제1장에서는 불교의 도덕적 가르침의 기본에 대해 설명하고, 제2장에서는 불교의 이론이 서양의 윤리학설의 체계 속에 어느 분류에 속하는지를 살펴보겠다. 서양의 관점에서 보면 불교윤리라는 주제 자체가 낯선 것이므로, 일종의 방법론적 이유에서 어떤 경우는 기독교적 관점에서 논의를 열기도 할 것이다. 이러한 방식에서 독자들은 불교와 기독교 간에 관점의 차이를 비교해 볼 수도 있을 것이고, 나아가 불교적 관점의 특징이 무엇인지를 더 쉽게 이해할 수 있을 것이다.

이 책이 2005년에 처음 출판된 후, 불교윤리학에 대한 관심이 괄목할 만큼 높아졌다. 그러한 고조된 관심을 잘 보여주는 것이 바로 2018년에 *Oxford Handbook of Buddhist Ethics*(다니엘 코조트 & 제임스 마크 쉴즈 편집, 이동수 옮김, 불교 윤리 1, 2, 운주사, 2024) 책이 출판된 일이다. 본 입문서에 소개된 내용보다 더 깊이 불교윤리학 주제를 천착해 보고자 하는 독자들이라면, 이 연구 모음집을 참고하기 바란다. 이 책의 초판이 출간된 이후 불교윤리학 이론에 대한 연구가 그 양과 질에 있어서 상당하게 축적되었다. 그러한 새로운 연구를 반영하기 위하여 초판의 내용을 전반적으로 대폭 보완하여 제2판을 이제 간행하는 바이다. 이 개정판에서 바뀐 내용은, 제2장의 이론적 측면 부분의 지평을 많이 넓혔고, 책의 다른 부분에서도 최근의 세계적인 사회 정치적 발전을 고려하여 전반적으로 내용을 업데이트하였다. 제8장은 최근의 과학 발전, 그리고 앞으로 다가올 것이라고 사람들이 믿는 트랜스휴머니즘적 미래에 대한 내용을 보충하여, 거의 새로 집필하였다. 그러나 이 책의 초판에 실렸던 여섯 가지 주제들은 아직도 이 시대에 그 중요성이 유효하기 때문에 원래 주제 그대로 유지하였다.

이 책에서 다루는 '불교'라는 것은, 어느 한 종파나 문화, 또는 어느 특정 시기의 불교에 한정되는 것이 아니다. 나의 전공 연구 분야는 테라바다 불교(Theravāda Buddhism: 상좌부 또는 남방불교라고 부름)이다. 책 속에서 편의상 '주류 불교'라는 말을 썼는데 그 말이 무엇을 가리키는지 여기서 잠깐 설명하겠다. 권위 있는 경전 자료 속에서 나타나는, 오늘날 세계 불교도의 99%가 거주하는 아시아 태평양 지역에서 실천되고 있는 불교를 '주류 불교'라고 본다. '주류 불교'는 그 성격에 있어서 사회적으로 보수적이다. 따라서 윤리적 관점에서 보통 더 개방적 입장을 취하는, 서양에서 흔히 보는 '모더니즘적'인 불교와는 대조가 된다. 어떤 지점에서 이 두 가지 사이에 차이가 발생하는지는 이 책에서 차차 소개하겠다.

본인은 이 책에서 주류 불교의 시각을 보여주려고 하였지만 그러나 여기에 소개하는 내용이 가장 권위적인 이론이라거나, 최종적인 것이라고 주장할 생각은 없다. 여기서 다루는 주제 중 어떤 것은 논란의 여지가 있음은 말할 필요도 없다. 또한 내가 여기서 취하는 접근

방식에 대해 어떤 독자들은 자신의 불교 이해와 일치한다고 할지 모르지만, 여기서 제시된 결론에 대해 다른 독자들은 강력하게 반대할 수도 있다. 윤리적인 문제는 그 주제가 가진 특성 때문에 서로 간에 입장 차이가 생기는 것은 불가피하다. 그러나 내가 쓴 것에 대해 동의하지 않는 독자들이라도 여기서 내가 설명하는 입장을 보고 다른 대안에 대해서 알 수 있었다고 좋게 생각해 주기를 바란다.

책 전체에 걸쳐서 본인은 불교에 대해 '공감적 비판자'의 입장을 취하려고 노력했다. 불교적 관점이 가진 장점과 단점 양쪽 모두를 찾아내서 보이고자 한 것은 이를 통해 앞으로 더 생산적인 대화가 이루어지기를 바랐기 때문이다. 이 책에서 제시된 질문에 대해 좀 더 깊이 알아보고자 하는 독자들은 이 책 말미에 들어 있는 〈더 읽어볼 자료〉 부분을 참조하면 좋을 것이다.

인용과 발음에 대한 일러두기

책 속에 나오는 'D.ii.95' 같은 표시는 불교경전에서 인용한 부분을 가리키는 것이다. 팔리문헌학회(Pali Text Society)에서 출간한 테라바다 불교경전의 인용 방식이다. 이 경전들은 산스크리트어의 파생어인 팔리어로 쓰여 있기 때문에 '팔리 경전'이라고 한다. 자료 목록은 아래와 같다. 맨 첫 글자는 해당 니까야 (*nikāya*)의 약호이다. 각 니까야 속에 작은 경전인 숫타(*sutta*)들이 들어 있다.

   D 『디가 니까야』(Dīgha Nikāya)
   M 『맛지마 니까야』(Majjhima Nikāya)
   A 『앙굿따라 니까야』(Aṅguttara Nikāya)
   S 『상윳따 니까야』(Saṃyutta Nikāya)

로마 숫자 'ii'는 책의 권수를 나타내고, 아랍 숫자 '95'는 쪽수를 나타낸다. 따라서 D.ii.95는 『디가 니까야』 2권 95쪽을 말하는 것이다. 'Vin'이라는 기호도 나오는데 이것은 팔리어 경전의 일부분을 이루는 승단의 규칙을 담고 있는 『비나야』(Vinaya), 즉 『율장律藏』을 가리킨다. 팔리 경전의 다섯 번째 모음집인 『쿳다까 니까야』(Khuddaka Nikāya)에 들어 있지만 독립적으로도 유통되는 『숫타 니파타』(*Sutta Nipāta*)와 같은 경전의 경우는, 'Sn'과 같이 독자적인 약자로 표기된다. 위의 약자 뒤에 대문자 A가 붙어 'DA', 'VA' 등으로 표기된 경우가 있는데 그것은 그 해당 문헌의 주석, 즉 '아타카타'(*aṭṭhakathā*)를 가리키는 것이다.

팔리 경전의 영어 번역본은 20세기 초부터 영국의 팔리문헌학회(PTS)에 의해 꾸준히 출판되어 왔으며, 요즘 새로운 번역본이 미국의 위즈덤 출판사(Wisdom

Publications)에서 출간되고 있다. 인용된 문헌의 번역본 목록은 〈참고문헌〉에 소개되어 있다. 그 외 인터넷 검색을 해 보시면 인용 문헌의 다른 다양한 온라인 번역본을 찾으실 수 있다.

외래어와 발음

불교 문헌은 팔리어, 산스크리트어, 티베트어, 태국어, 버마어, 중국어, 일본어, 한국어 등 여러 언어로 쓰이고 번역되었다. 이 책에서는 불교 전문 용어를 표기할 때 산스크리트어로 표기하는 것을 원칙으로 한다. 다만 팔리어 경전을 인용하는 경우이면 팔리어로 표기한다. 산스크리트어와 팔리어 표기에는 특수한 글자가 사용된다. 인도 고대어에는 영어 알파벳에서 사용되는 26개의 자모음 외에도 다른 글자들이 많이 있기 때문이다. 모음 위의 가로줄을 쓰면 그 모음이 장음화가 된다. 예를 들어 a가 짧은 발음인데 반해, ā는 길게 늘여 장음으로 발음된다. 아래에 소개하는 것 외에는, 영어 알파벳의 발음과 큰 차이가 없다.

   c는 '츠'(ch)로 발음된다

   ś와 ṣ는 '쉬'(sh)로 발음된다

   ñ은 스페인어 '만냐나'에서처럼 '냐(ny)로 발음된다

자음 아래의 점(ḍ, ṭ 등)이 있는 경우는 발음할 때 혀가 입천장에 닿는다는 것을 나타낸다. 영어를 인도식 억양으로 말하는 경우 이런 특징적 발음이 나는 경우가 있다. 그리고 이 책에 나오는 원전의 영어 번역은 따로 표시되지 않는 한 저자 본인의 번역임을 밝힌다.

역자 서문

이 책은 영국의 불교학자로 초기불교와 불교윤리학 부문에서 세계적인 권위를 가진 데미언 키온(Damien Keown) 교수가 쓴 불교윤리학 입문서이다. 영국 옥스퍼드대학에서 불교학으로 박사학위를 하고 런던대학 골드스미스 칼리지에서 교수로 오래 가르친 후 은퇴하여 현재 명예교수로 있다.

이 책은 2005년 옥스퍼드대학 출판부에서 처음 출간된 이래, 명료한 이론적 설명과 풍부한 예시로서 많은 사랑을 받은 책이다. 그런데 최근 현대 과학기술의 급속한 발전 속에서 이전에 생각지 못한 새로운 윤리적 문제들이 등장함에 따라 수정과 보완의 필요성이 심각하게 요청되었다고 한다. 이에 저자는 본문의 내용에 전면적 수정을 가하여 2020년에 개정판을 출간하게 되었다고 밝히고 있다. 이 개정판에는 초판에 들어 있지 않은 AI나 유전자 복제 등 최신 첨단의 신선한 주제들이 다뤄지고 있어서 명실공히 첨단 불교윤리학의 주제들을 쉽고 일목요연하게 알 수 있는 최고의 입문서라 생각한다.

세계의 어느 종교도 옳고 그름을 가르치지 않는 종교는 없을 것이다. 그러나 그 가르침에 담긴 도덕적 판단과 신념을 학문적으로 천착하여 모든 사람이 수긍할 수 있는 윤리학적 이론으로 추출해 내는 것은 또 다른 일이다. 불교의 윤리적 입장을 이론적으로 철학적으로 그리고 학문적으로 도출해 내려는 것이 이 책의 목표이다. 그러나 저자가 앞에서 밝히고 있듯이 여기서 자신이 제시하는 이론이 모두 맞고 그것이 불교의 정통 입장을 반드시 대변하는 것이라고 주장하려는 것은 아니다. 특히 불교의 윤리학적 입장에 대한 평가의 부분에 있어서는 더욱 그러하다. 오히려, 가능한 사유와 논변의 조약돌들을 하나씩 다 들춰보고 그 각각의 철학적 정합성과 실용성을 따져본다는 점이 이 책의 강점이라고 생각한다. 특히 이 책에서 펼쳐지는 불교의 각종 윤리학적 입장의 강점과 약점을 이리저리 치밀하게 철학적으로 분석해 나가는 사유의 과정이 무척 흥미롭다. 여기에 독자들도 흔쾌히 함께 참여해 준다면 역자로서 큰 보람이겠다.

이 책의 첫 장에서는 서양 현대윤리학의 이론 전통에 비추어 볼 때 불교의 도덕이론을 어떻게 해석하고 평가할 수 있을지를 먼저 검토하고 있다. 이것은 불교를 현대윤리학의 지평에서 객관적으로 살펴볼 수 있는 귀한 기회를 제공한다. 이후, 동물윤리, 환경, 성과 젠더의 문제, 전쟁 폭력의 문제, 자살과 안락사, 그리고 생명과학 등으로 이어지는 현대의 윤리학적 주제들에 대한 고찰을 통해, 우리가 당면하고 있는 구체적인 삶 속에서의 문제의식과 접점을 찾고 있다. 특히 불교가 전통 종교로서 우리의 일상과 사고 속에 이미 익숙해져 있는 한국의 독자의 경우는 이 책에서 말하는 일부 주장을 수긍하지 않거나 그에 대해 반론하는 것도 가능하리라 생각된다. 그러나 한편 새로운 거울에 자신의 전통을 비추어 보는 경험을 통하여 자신의 사유 전통에 대해 새로운 시각을 얻을 수도 있을 것이다. 그러한 철학적 사유의 여정에 이 책은 친절한 동반자가 되어줄 것이다.

이 작은 책을 번역하는 데 꽤 오래 시간이 걸렸다. 이미 여러 차례 불교철학 관련 과목의 교재로 사용하면서 학생들과 같이 읽고 토론하여 익숙한 내용이었는데도 막상 글로 옮기는 데에는 별도의 시간이 필요하였다. 참을성 있게 기다려 준 대한불교진흥원에 감사드린다. 현대윤리학 개념어의 번역어 선택에는 윤리학자인 외국어대 양선이 교수가 도움을 주었다. 그리고 초고 제출 후 심사과정에서 세 분의 심사위원들이 표현법 등을 꼼꼼하게 질정해 주셨다. 도움을 주신 모든 분들에게 감사를 표한다.

제1장 불교의 도덕관

도덕은 불교의 가르침 속에 깊이 들어 있으며, 도덕적 삶의 중요성을 강조하지 않는 불교 종파나 학파는 없다. 불교경전은 비폭력 그리고 자비심 같은 덕성의 중요함을 웅변적으로 말한다. 예를 들어 『법구경』 130번 게송에 나오는, 자신이 당하고 싶지 않은 일을 다른 사람에게 하지 말라는 가르침은 불교의 '황금률'(Golden Rule)이라고 할 수 있다. 불교를 처음 접하는 사람들은 아시아 내에 여러 다른 불교 전통이 있다는 것, 예를 들어 선禪이나 티베트 불교 등의 여러 종파가 존재한다는 것에 놀라는데, 서로 다른 것 같이 보이는 이들 전통 간에도 그 근저에는 기원전 5세기 붓다가 가르쳤던 지침, 계율, 덕목, 가치관으로 구성된 도덕적 핵심이 공통적으로 흐르고 있다. 이제 제1장에서는 오늘날 전 세계 약 5억 명의 불교인들의 행동을 이끄는 도덕적 가르침이 무엇인지를 알아보도록 하겠다.

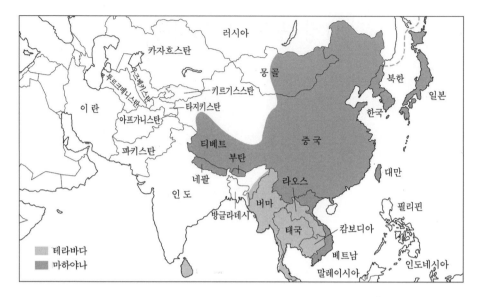

〈그림 1. 아시아의 불교 지도〉

다르마와 카르마(Dharma and Karma)

불교윤리에 있어서 가장 기본적 토대를 이루는 것은 '다르마'(Dharma) 개념이다. 인도말 '다르마'는 여러 뜻으로 쓰이지만 가장 기본적 의미는 우주적 질서를 이끄는 원칙이다. 삶의 모든 측면은 이 다르마에 의해 규정된다고 한다. 계절이 바뀌는 것에서부터 인간 사회를 지배하는 규범에 이르기까지 모두 이 다르마에 의해 조정되는 것이다. 그러나 다르마는 어떤 최고의 존재가 만든 것이 아니며 그가 관리하는 것도 아니다. 신神이라 해도 다르마의 원칙에 따라야 한다. 붓다도 그렇다. 붓다는 자신이 다르마를 발견했을 뿐, 그것을 만들어낸 것은 아니라고 했다. 다르마에 따라 살고 다르마에 따라 법률과 관습, 종교, 윤리

등을 지키며 산다면 행복과 평안을 얻게 되며, 이를 무시하거나 어기면 삼사라(*saṃsāra*)라고 하는 끝없는 윤회輪廻의 삶 속에서 고통을 겪게 된다고 한다.

'다르마'는 또한 불교의 가르침을 일컫는 말로도 쓰인다. 그래서 한문 경전에서는 다르마를 법法 또는 불법佛法으로 번역하였다. 왜냐면 붓다의 가르침은 사물의 본질에 대한 진리를 보여주는 것이라 생각되었기 때문이다. 붓다는 그의 첫 설법에서 '법의 바퀴', 즉 법륜法輪을 돌렸다고 한다. 이때 그는 사성제四聖諦, 즉 고苦·집集·멸滅·도道의 네 가지 진리를 설파하였고, 그중 제일 마지막 네 번째 도道는 열반으로 이끄는 여덟 가지 길, 즉 팔정도八正道를 가리킨다. 자세한 설명은 아래의 〈박스 1〉을 참조하기 바란다. 팔정도는 다시 계(戒, 도덕, *śīla*)·정(定, 명상 수행, *samādhi*)·혜(慧, 지혜, *prajñā*)의 세 가지로도 분류되는데, '계', 즉 도덕이 열반으로 가는 길의 가장 근본이 된다. 계·정·혜를 삼학三學이라 부른다. 즉 세 가지 닦아야 하는 것이라는 뜻이다. 팔정도는 아래 〈박스 2〉에 보이는 것처럼 '혜', 즉 지혜에서

〈박스 1〉 사성제四聖諦

고(苦, Duḥkha)—모든 존재는 고이다
집(集, Samudāya)—고는 집착과 탐욕에서 생긴다
멸(滅, Nirodha)—고에는 끝이 있다
도(道, Mārga)—고의 소멸에 이끄는 길이 있다(이것이 팔정도이다)

시작하는 여덟 가지의 항목이다. 불교의 가르침에 대한 '이해' 없이는 이 길을 뜻깊게 출발할 수 없기 때문이다.

'다르마'는 '카르마'의 법칙(karma-niyāma)이라고 불리는 도덕적 질서를 실행한다. '카르마'(karma, 업業)라는 말은 흔히 어떤 사람에게 일어나는 좋은 일과 나쁜 일, 즉 행운 또는 불운을 의미하는 말로 대중적으로 사용되지만, 불교에서 카르마는 윤리학과 우주론을 모두 포괄하는 복잡한 개념이다. 카르마의 단어 그대로의 의미는 '행위'라는 뜻이다.

〈박스 2〉 팔정도八正道와 계정혜戒定慧 삼학三學과의 관계

정견正見: 바르게 보기
정사유正思惟: 바르게 생각하기 } 혜(慧, prajñā)에 해당함

정어正語: 바르게 말하기
정업正業: 바르게 행동하기 } 계(戒, śīla)에 해당함
정명正命: 바르게 생활하기

정정진正精進: 바르게 정진하기
정념正念: 바르게 깨어 있기 } 정(定, samādhi)에 해당함
정정正定: 바르게 정신 집중하기

카르마라는 말이 윤리 종교적 맥락에서 사용될 때는, 도덕적 행위가 개인의 현재와 미래의 삶에 어떤 영향을 미치는지 하는 그 방식과 관련된다. 카르마는 신이 정하는 상과 벌의 체계가 아니라 비인격적 도덕 법칙을 지시한다. 카르마의 법칙은 과학 법칙과 같이 객관적이지만 그러나 과학같이 가치중립적이지는 않다. 좋은 행위는 좋은 결과를 낳고 나쁜 행위는 나쁜 결과를 낳는 일종의 정의의 원칙을 상징하는 것이다. 이런 식으로 모든 사람은 결국 자신에게 알맞은 과보를 받게 된다.

업業의 결과는 두 가지 형태를 취하는데, 한 가지는 대상이 있는 것, 또 하나는 대상을 갖지 않는 것이다. 대상 있는 행위의 결과는 다른 사람에게 미치는 영향으로 나타난다. 예를 들어 누가 살인이나 절도를 저질렀다면 다른 누군가의 생명이나 재산이 박탈당하게 되는 것이다. 반면 대상을 갖지 않는 결과란, 도덕적 행위의 영향이 행위자 자신에게 돌아오는 것이다. 불교에서 인간은 자유의지를 가지고 있고 자유로운 선택권을 가지며 자기 결정권을 행사한다. 자유롭고 반복적으로 행동을 선택하여 행함으로써 개인의 인격이 형성되며 그 인격을 통해 자신의 미래가 담보된다. 이런 속담이 있다. '행동을 심으면 습관이 생기고, 습관을 심으면 품성이 얻어지고, 품성을 심으면 운명이 만들어진다.'

선택한 행위의 결과로 나타난 과보果報를 업의 '성숙'(*vipāka*)이나 '열매' 또는 '결실'(*phala*) 등으로 표현한다. 업을 농사짓는 일에 빗대어 설명하는 것은, 도덕적 행위를 한다는 것은 마치 씨앗을 심는 것과 같아서 그 결실이 열매의 형태로 후에 나타난다는 것을 말하는 것이다.

한 사람의 일생의 궤적을 볼 때 그의 평소의 습관적 행동 패턴을 보면 어떤 결과가 나올지 예측하는 것은 어렵지 않다. 위대한 문학 작품 속에 등장하는 주인공들의 운명은 우연적으로 일어나는 것이 아니다. 그들의 특정한 성격적 결함에서 기인하여 결국은 일련의 비극적 사건들로 귀결되는 것이다. 셰익스피어의 연극을 예로 들어보면, 그 속에 나오는 주인공 오셀로의 질투, 맥베스의 거침없는 야망, 햄릿의 망설임과 자기 회의 등은 불교의 입장에서 본다면 업의 씨앗을 뿌리는 것이며, 결국에 나타나는 비극적 결과는 이들 주인공들이 가진 성격적 특징 때문에 생겨난 피할 수 없는 '열매'이다. 우리는 어떤 점에서 보면 내 자신의 행운과 불운을 써 나가는 작가라고 할 수 있다.

어떤 사람이 일생 동안 한 일의 결과가 모두 그 생에 경험되는 것은 아니다. 쌓였지만 경험되지 못한 카르마는 다음 생, 혹은 더 앞으로의 여러 생으로 넘어가게 된다. 다음 생의 나의 모습은 이렇게 카르마적으로 결정된다. 즉 어떤 가족에게 태어날지, 사회적 지위나 신체적 외모, 성격과 인격이 어떠할지 등은 이전 생으로부터 넘어온 것이다. 그러나 카르마의 이론이 나에게 일어날 모든 일들이 미리 다 결정되어 있다고 주장하는 것은 물론 아니다. 감기에 걸리는 것과 같은 인생에서 일어나는 많은 일들은 단순한 무작위적인 사건이나 사고일 수 있다. 카르마는 앞으로 무엇이 일어날지, 또한 그 일어난 일에 대해 내가 어떻게 대응해 나갈지를 정확하게 결정짓는 것은 아니며, 이 말은 인간은 이전 생에서 지어진 조건에 대해 저항하고 새로운 행동 양식을 만들어 갈 수 있다는 것도 의미한다.

그렇다면 무엇이 행위를 선하게 또는 악하게 만드는 것일까? 붓다는 업을 규정하면서, 의도와 의도에 따르는 결과로서의 행위라고 말하고 있다. "내가 업이라 부르는 것은 의도(*cetanā*)이다. 사람은 의도를 가지고 몸, 말, 마음의 세 가지를 통해 행위를 한다"고 하였다(A iii.415). 이 말에서 우리는 의도가 중요한 도덕적 기준임을 알 수 있다. 불교심리학에 따르면 의도에 깔려 있으면서 의도를 형성해 나가는 세 가지 동기 요소들이 있다. 이것들을 '뿌리'(*mūla*)라고 표현하는데(또 다른 농경적 은유법이다), 세 가지 좋은 뿌리와 세 가지 나쁜 뿌리가 있다고 한다. 나쁜(*akuśala*) 뿌리로는 탐(貪, 탐욕, *rāga*), 진(瞋, 증오, *dveṣa*), 그리고 치(癡, 어리석음, *moha*)가 있으며, 좋은(*kuśala*) 뿌리는 이들의 반대인 무탐無貪·무진無瞋·무치無癡, 즉 탐욕하지 않고 성내지 않고 어리석지 않은 것이다.

방금 설명한 심리적 요인들은 우리가 말하는 올바른 행위의 '주관적' 기준을 구성한다. 그러나 도덕적으로 행위한다는 것은 단순히 좋은 뜻으로 했다거나 선한 의도를 가지고 있었느냐의 문제가 아니다. 객관적 기준도 있다. 즉 선한 의도를 가진 행동은 다르마(Dharma), 즉 법法에 맞는 행위로 나타나야 한다. 불교에서는 이것을 자신이나 타인에게 해가 되지 않으며 현자들이 승인하는 행동이라고 설명하고 있다. 이 두 기준을 충족하는 행위는 좋은 업을 만들어내지만 그렇지 않은 행위는 나쁜 업을 생성하여 이런 행위는 또한 각종 계율 속에서 금지되는 바이다. 이에 대해서는 아래에서 더 자세히 살펴본다.

불교도들은 좋은 업, 즉 선업善業을 '공덕'(功德, *puṇya*)이라고 부르며 선업을 쌓기 위해 많은 노력을 기울인다. 반대로 나쁜 업은 악업(惡

業, *pāpa-karma*), 또는 불선업不善業이라고 부른다. 어떤 사람들은 공덕을 일종의 종교적 자산으로 보고, 은행에 예금을 많이 넣어 놓은 것처럼 공덕을 많이 쌓으면 극락에 태어나는 것이 보장되는 것처럼 생각하는 사람도 있다. 앞으로 살펴보겠지만 불교신자가 공덕을 쌓는 좋은 방법 중 하나는 승가(僧伽, *saṅgha*), 즉 승려들의 교단을 지원하는 것이다. 다른 사람이 보시하는 것을 보고 찬탄하고 칭찬하는 것도 공덕이 된다. 어떤 사람은 공덕 쌓는 것 그 자체를 목적으로 삼아 자신들이 한 좋은 일을 기록하는 사람도 있다. 그러나 공덕은 옳은 행동을 하게 되면 자연히 얻어지는 부산물이지 그것이 목적이 될 수는 없다. 선한 행동을 하는 목적이 단지 좋은 업을 쌓기 위한 것이라면 그것은 이기적인 동기에서 나온 행동이기 때문에 큰 공덕이 있을 것 같지는 않다.

많은 불교 문화권에는 공덕을 다른 사람에게 주는 것, 즉 좋은 업을 현금과 같이 다른 사람과 나눌 수 있다고 믿는다. 좋은 업을 나눠주면 업의 예금 잔고는 낮아지겠지만 나눔이라는 너그러운 동기에서 나온 결과이기에 그 잔액은 증가할 것이다. 많이 줄수록 더 받는다는 것이다! 업의 입장에서 보았을 때 너그러운 마음에서 자신이 지은 공덕을 나누어 주겠다는 생각은 분명 건전한 것이고, 그 같은 행동을 반복함으로써 다른 사람을 돕는 관대함의 좋은 성격이 굳어지는 효과는 있겠지만, 이런 이론이 정말 경전적 전거를 가진 것인지는 분명치 않다.

계(戒, Precepts)

인도 전통이 일반적으로 그런 것처럼, 불교도 윤리적인 요청사항을 권리가 아닌 의무의 언어로 표현한다. 가장 일반적인 도덕적 의무는 오계에서 찾아볼 수 있다(아래의 〈박스 3〉 참조). 예를 들어 살생(殺生, 죽이는 것), 투도(偸盜, 다른 사람의 물건을 훔치는 것) 등의 악한 행동을 하지 않아야 한다는 의무 조항이다. 이러한 의무는 다르마에 내포된 요청사항이다. 불교에 '귀의'한다는 것을 표명하는 의식인 수계식受戒

〈박스 3〉 오계(五戒, *pañcaśīla*)

불교에서 가장 널리 알려진 계율이 바로 이 다섯 가지의 오계이다. 그 중요성에 있어서 기독교의 십계명과 같다. 불교신자가 되고자 한다는 '귀의'를 밝히는 수계식에서 이 다섯 가지 계율을 지킬 것을 자발적으로 맹세한다.

오계는 다음과 같다.
1. 불살생不殺生 – 나는 살아있는 생명체에게 해를 끼치는 일을 삼가겠습니다.
2. 불투도不偸盜 – 나는 주어지지 않은 것을 취하지 않겠습니다.
3. 불사음不邪淫 – 나는 성적으로 잘못된 행동을 하지 않겠습니다.
4. 불망어不妄語 – 나는 거짓된 말을 삼가겠습니다.
5. 불음주不飮酒 – 나는 술을 마시지 않겠습니다.

式에서 오계를 받는다.

이 오계 이외에도, 8계(aṣṭāṅga-śīla)나 10계(daśa-śīla)와 같은 계율도 있다. 8계나 10계는 한 달에 두 번 있는 포살(布薩, poṣadha) 때에 보통 추가로 암송하는데, 위의 오계의 첫 번 네 가지 계율에 이어서 보충적 내용이 등장하는 것이다. 예를 들어 식사를 할 수 있는 시간을 정하는 것 등이다. 또 다른 계율로 십선행계(十善行戒, daśa-kuśala-karmapatha)가 있다. 이것도 역시 재가신도에게 적용되는 것으로 재가자들을 위한 이런 계율은 승려들의 계율보다 그 수가 훨씬 적다.

율(律, Vinaya)

다르마(Dharma), 법 또는 교리와 짝을 지어서 자주 등장하는 용어가 비나야(Vinaya), 즉 율律이다. 초기불교 문헌에는 'Dharma-Vinaya'라는 단어가 복합어의 형태로 불교의 가르침과 실천 그 모두를 일컫는 말로 사용되었다. 승려의 집단을 말하는 승가(僧伽, saṅgha)는 유랑자(parivrājaka) 혹은 사문(沙門, śramaṇa)이라 불리는 유랑하는 스승들과 제자들의 큰 공동체 속의 작은 집단에서 시작되었다. 이러한 소박한 시작에서 출발하여 교단이 점점 커지게 되면서 마치 서양의 베네딕트회 수도사들의 규칙과 비슷한, 승가 내에서의 삶을 총괄하는 복잡한 생활 규칙이 쌓이게 되었다. 불교 교단의 이 규칙은『율장』(律藏, Vinaya Piṭaka)이라고 부르는 경전의 형태로도 편찬되었다.『율장』에는 그 속에 승가의 규칙 외에도, 붓다와 관련된 많은 이야기와 그의 전기 자료, 그리고 승가와 관련한 역사적 사실에 관한 자료를 많이 담고 있다.

『율장』의 목적은 승려 공동체 내에서의 삶을 규제하고 그들과 재가 신도들과의 관계를 통제하기 위한 것이다. 가장 완성된 형태에 있어서 『율장』은 세 가지 부분으로 나뉜다. 첫 번째 부분은 비구와 비구니를 위한 200개가 넘는 일련의 규칙들이다. 이것을 프라티목샤(*Prātimok-ṣa*, 계본戒本)라고 하는데, 그 죄의 중대성에 따라 일곱 개의 범주로 나누어지는 긴 목록이다. 여기에는 거짓말이나 훔치는 것 등과 같은 도덕적인 문제뿐만 아니라, 의복, 예절, 그리고 일반적인 몸가짐 등의 문제도 포함된다. 많은 학자들은 현재 형태의 프라티목샤는 적어도 세 단계의 변천을 거쳐 만들어졌다고 본다. 처음에는 비구와 비구니들이 모여 정기적으로 자신의 신앙을 밝히는 합송의 형태, 두 번째 단계는 승가의 올바른 규율을 담보하기 위한 승가의 계율집의 형태, 그리고는 마지막으로 승가에서 행해지는 각종 의식도 포함하는 형태이다. 이것은 승가 내에 고도의 조직과 체제가 성립한 과정을 보여주며, 결국 규율과 그것을 범한 죄의 목록인『프라티목샤 수트라』(*Prāti-mokṣa-sūtra*)라는 의식집이 만들어짐으로써 공동체 구성원들이 같이 모여 암송할 수 있게 된다. 매달 초하루와 보름날에 열리는 포살 의식에서 이것을 읽음으로써 일종에 승려로서의 고결성을 선언하게 되는 것이다.

선(善, Virtues)

불교에서 재가자를 위한 계나 승려를 위한 율은 매우 중요하지만,

도덕적 삶은 계율을 따르는 것 이상의 더 큰 의미를 가진다. 계율은 지켜야 할 뿐만 아니라 올바른 이유와 좋은 동기로 지켜야 한다. 여기서 덕성, 또는 선善의 역할이 중요하기에 불교의 도덕성 전체를 동전의 양면으로 비유할 수 있다. 한 면에는 계율이 있고 다른 면에는 덕성이 있다. 계율이란 선한 사람이라면 절대로 하지 않는 일의 목록이라고 생각하면 된다. 반면에 덕성이 해야 할 일은 번뇌(煩惱, kleśa)라는 부정적 성향을 막아내는 것이다. 불교의 교학 문헌에 길게 소개되고 있는 덕성과 번뇌의 목록은 앞에서 말한 세 가지의 '뿌리' 또는 '근본적' 덕목인, 무탐(無貪, arāga)·무진(無瞋, adveṣa)·무치(無癡, amoha), 즉 집착하지 않고 인자하고 어리석지 않는다는 뜻에서 파생된 것이다. 이 세 가지가 불교의 가장 기본적인 덕목이지만 다른 덕목도 있다. 그중 가장 중요한 것으로 비폭력(非暴力, ahiṃsā), 보시(布施, dāna), 자비(慈悲, karuṇā)의 세 가지를 들 수 있다.

초기 문헌에서는 좋은 성격과 습관을 기르는 것의 중요성을 강조한다. 그래서 도덕적 행위란 외부적인 규칙에 순응해 단순하게 따르는 것을 의미하는 것이 아니라 믿음과 가치관이 내면화된 결과 그것이 자연스럽고 자발적으로 드러나야 한다. 많은 계율 조항들이 이런 점을 잘 말해 준다. 예를 들어 불살생계에 대해, '몽둥이와 칼을 내려놓고 살아있는 모든 생명체들에게 연민과 친절한 마음을 느낀다'(D.i.4) 라는 구절이 있다. 생명을 죽이거나 해를 입히지 않는 비폭력의 정신은 자연적인 경향성을 거스르는 억압적 기제라기보다, 생명에 대한 자비로운 마음, 나와 남을 동일시하는 마음에서 자연스럽게 드러나야 하는 것이다. 불살생계를 완벽하게 지키기 위해서는 살아있는 존재들

간의 관계성에 대한 깊은 이해가 선행되어야 한다. 또한 보편적인 자비와 연민의 성품이 굳게 자리잡고 있어야 한다(불교에 따르면 오랜 윤회 속에서 우리는 한때 서로의 아버지, 어머니, 자식이었다고 한다).

　인도에서 비폭력을 의미하는 아힘사(*ahiṃsā*) 개념은 비정통 출가자 운동, 즉 불교나 자이나교 같은 비브라만교 종교에서 유래한 것으로 보인다. 내가 그렇듯이 이 세상의 어떤 생명도 고통과 죽음을 싫어하지 않는 것은 없다는 인식에 기반하여, 다른 생명체에 대한 배려(*dayā*)와 동정심(*anukampā*)에 큰 강조점을 둔다. 불교와 자이나교는 고대 인도의 종교 의식에 주요 부분을 차지하는 동물 제사 의식을 잔인하고 야만적 행동이라고 비판하면서 거부하였다. 그들의 영향으로 정통 브라만교에서도 결국은 피를 동반한 제사 대신 채소, 과일, 우유 등의 상징적인 제물을 대체하여 사용하게 되었다. 그런데 불교도들 중 많은 사람들, 특히 동아시아의 대승불교도들은 채식을 실천하는데, 그럼으로써 동물을 학살하지 않을 수 있기 때문이다. 이 점은 후에 제3장에서 자세히 논의하겠다.

　인도의 출가자들 중 아힘사를 극단으로 실천하는 사람들이 있다. 자이나교 승려들은 벌레같이 작은 생명도 죽이지 않기 위해 엄청난 주의를 기울인다. 그들의 이런 방식은 불교에도 영향을 미쳤다. 예를 들어 불교 승려들도 식수에 들어 있는 작은 생물체를 죽이지 않기 위해 거름망을 가지고 다닌다. 붓다가 '물 한 방울에도 연민의 마음을 가득 채운다'고 말한 것은 이러한 작은 생명들을 염두에 두고 한 것이다. 불교 승려들은 비가 온 후에 특히 많이 생기는 벌레 같은 작은 생물체를 밟지 않으려고 장마철에는 다니는 것을 피하였다.

초기불교 자료에 보면, 농사를 짓고 땅을 갈아엎으면 생명의 파괴가 불가피하다는 점에서 농경업을 우려하는 내용이 나온다. 그러나 일반적으로, 생명을 의도적으로 파괴했을 때, 즉 어떤 생물의 죽음이 원래 의도한 바의 결과였을 때에만 도덕적으로 잘못된 것으로 간주한다. 불교는 아힘사를 실천함으로써 흔히 비폭력적이고 평화를 사랑하는 종교로 알려져 있다. 그런 인식은 상당 부분 옳은 것이다. 불교 국가들도 전쟁과 분쟁으로부터 자유롭지 못했지만 앞으로 제5장에서 살펴보겠지만 불교는 비폭력을 언제나 칭송하며, 생명을 죽이거나 상처를 입히는 것에 대해서는 항상 반대의 입장을 표한다.

재가신도들에게 있어 중요한 덕목은 ‘다나’(dāna), 즉 보시布施이다. ‘다나’라는 산스크리트어는 영어 단어 ‘도너’(donor, 기부자라는 뜻)와도 어원적으로 연관이 있다. ‘주는 행위’, 또는 ‘너그러움’을 의미한다. 재가신도들이 하는 보시의 주된 수혜자는 물론 승가의 일원인 비구·비구니들이다. 승려들은 소유물이 없기 때문에 전적으로 신도들의 지원에 의존해서 살아간다. 신도들은 음식, 옷, 의약품에서부터 사찰이 자리잡고 있는 땅과 건물에 이르기까지, 승가에서 필요로 하는 모든 물질적 자원을 제공한다. 테라바다(Theravāda, 상좌부上座部) 불교 국가에서는 매년 몬순 시기 중에 여름 안거가 끝난 후에는 카티나(kaṭhina) 의식을 열어서 승복을 만들 수 있도록 면으로 된 천을 스님들에게 올린다. 이러한 보시를 통해 공덕(功德, puṇya)이 쌓인다고 한다. 그런데 그 관계는 한 방향으로만 이루어지는 것은 아니다. 신도들의 보시에 대한 보답으로 스님들은 종교 의식을 베풀고, 다르마(Dharma), 즉 법을 가르치기 때문이다. 모든 보시 중에서 가장 높은 보시가 가르침의 보시, 즉 법의 보시라고 한다.

　사회의 모든 층에 대하여, 가족, 친구뿐만 아니라 심지어 낯선 사람에게도 이러한 관대함을 실천해야 한다. 이런 행동을 통해 그 사람이 종교적으로 성숙한 사람임을 알 수 있다. 관대한 사람은 자기중심적이지 않고 다른 사람의 필요를 잘 알아채는 사람이다. 그러기에 세상에 대한 집착을 끊고 아집을 놓기가 더 쉽다. 남아시아 지역에는 『베싼타라 자타카』(*Vessantara Jātaka*)에 나오는 베싼타라 왕자의 이야기가 잘 알려져 있다. 그는 자신이 가진 모든 것을 베풀었는데, 심지어 자신의 아내와 자식들도 주었다! 테라바다 불교에서는 보시를 강조하는데, 대승불교에서는 보살의 끝없는 자비심과 관대함도 또한 강조한다. 보살은 다른 사람들을 돕기 위해 자신의 몸과 목숨까지도 내주는 사람이다. 또한 보시는 대승불교에서 가르치는 보살의 육바라밀(六波羅蜜, six *pāramitās*) 중 가장 첫 번째의 덕목이기도 하다.

대승불교의 윤리

대승불교는 불교의 역사에서 나타난 주요 움직임으로 서력기원 초기에 등장하였다. 대승불교는 새로운 교의를 발전시켰지만 그것은 단일한 사상 체계가 아니다. 그래서 신도들이나 승려들에 대한 '공식적'인 단일한 윤리 규정은 존재하지 않는다. 초기불교의 율은 부정되지 않고 승려들에 의해 그대로 준수되고 있다. 이에 더하여 대승불교 경전 속에 나오는 보살들이 지켜야 하는 가르침도 지켜야 한다. 대승불교는 이전의 윤리적 가르침을 자신의 큰 체계 속으로 포섭한다. 그 속에는 세 가지 단계가 나타난다. 첫 번째는 '도덕적 훈육'(*saṃvara-śīla*)으로 앞에서 이미 살펴본 것과 같은 도덕적 계율을 준수하는 것이다. 두 번째는 '덕성의 함양'(*kuśala-dharma-saṃgrāhaka-śīla*)으로, 열반을 성취하기에 필요한 덕성과 선한 자질들을 쌓는 것과 관련된다. 세 번째는 '이타적 행위'(*sattva-artha-kriyā-śīla*)로서 타인의 필요에 맞춘 도덕적 행위를 하는 것을 말한다.

대승불교에서는 초기불교도들을 비판하여, 그들은 이 세 단계 중에서 첫 번째 단계에서 벗어나지 못한 사람이라고 하였다. 초기불교의 도덕적 실천은 이 세상의 다른 사람들에 대한 고려가 부족하므로 불완전한 것이라고 주장한다. 대승불교에서는 새로운 종교적 실천의 패러다임으로, 다른 사람을 위해 자신의 삶을 헌신하는 인물인 보살(菩薩, Bodhisattva)이 등장하며, 이는 초기불교에 나타나는 깨달은 성인을 가리키는 아라한(*arhat*)과 구별되는 존재이다. 대승불교에서는 아라한이 자신의 해탈에만 관심을 두고 이기적이고 폐쇄적인 삶을 산다고 비판하였다(이것은 다소 부당한 주장이다). 대승의 보살들은 아래 〈박스 4〉에 나열된 육바라밀六波羅蜜이라고 부르는 여섯 가지 덕목을 실천한다. 이들 중 지계·선정·지혜(*śīla, samādhi, prajñā*)의 세 가지는 초기불교에서 팔정도를 계·정·혜 세 가지로 나눈 것과 일치한다. 따라서 대승불교의 도덕 전통은 이전 불교와의 연속성을 보이면서도, 또한 새로운 창안을 모색하는 등, 두 가지 모습을 보이면서 발전하고 있음을 알 수 있다.

〈박스 4〉육바라밀(六波羅蜜, six *pāramitās*)

보시(布施, *dāna*)-이웃에게 베풀고 같이 나누는 관대함

지계(持戒, *śīla*)-계율을 지키고 도덕적 행동을 함

인욕(忍辱, *kṣānti*)-어려움을 참고 극복함

정진(精進, *vīrya*)-끊임없이 수행하고 노력함

선정(禪定, *samādhi*)-마음을 고요히 가라앉힘

반야(般若, *prajñā*)-사물을 꿰뚫어보는 통찰력과 지혜

흔히 자비慈悲라고 부르는 카루나(*karuṇā*)는 모든 불교 전통에서
다 중요하게 여기는 덕성이지만 대승불교에서 특히 중요하게 취급된
다. 초기불교에서 카루나는 네 가지 사무량심(四無量心, *Brahma-vi-
hāra*), 즉 자(慈, *maitrī*)·비(悲, *karuṇā*)·희(喜, *muditā*)·사(捨, *upekṣā*)
중 두 번째에 해당한다. 사무량심이란 명상 수행을 통해 함양되는
마음의 상태들이다. '자'는 즉 중생을 이롭게 하고자 하는 사랑과 열정의
마음이며, '비'는 다른 사람의 불행에 대해 함께 슬퍼하고 그 고통을
덜어 주려는 연민의 마음, '희'는 다른 사람의 좋은 일과 행복에 같이
기뻐하는 것, 그리고 '사'는 차별하는 마음을 버리고 모든 사람을 평등하
게 보는 마음이다. 사무량심은 이 각각의 긍정적인 마음 상태를 자신에
게서 시작해서, 가족, 지역 공동체, 나아가 우주의 모든 존재들을
향해 발산하는 수행법이다.

대승불교의 도상과 조각에서 자비는 흔히, '높은 곳에서 내려다보는'

관세음보살의 모습으로 형상화된다(그림 2 참조). 그는 천 개의 팔을
사방으로 뻗어 어려운 처지에서 도움을 갈구하는 사람들에게 답한다.
이후 대승불교에는 어느 부처님의 이름을 부르는 것만으로도 그의
자비로 인해 극락정토極樂淨土에 태어날 수 있다는, 즉 부처님에 대한
믿음과 신앙을 통해 구원을 얻을 수 있다는 교리가 등장하게 된다.

〈그림 2. 자비의 화신 관세음보살〉

대승불교윤리에 새로 등장한 특이점은 '방편'(方便, *upāya-kauśalya*)의 교리이다. 방편 개념은 일찍이 붓다가 법을 가르치면서 사용한 방법에서 그 근원을 찾는다. 가르치고자 하는 내용의 맥락에 맞추어서 말로 설명하는 붓다의 방식에서 잘 나타난다. 예를 들어 붓다는 브라만과 만나 대화를 나눌 때면 상대편의 의례나 그들의 전통과 빗대어 자신이 말하고자 하는 내용을 설명한다. 또한 대화를 통해 단계적으로 이해를 이끌어 나가는 방법을 취한다. 옛날부터 내려오는 이야기나 비유, 은유 등을 주요 레퍼토리로 사용하여 듣는 사람의 수준에 따라 맞춤식으로 설명하였다. 대승불교는 이 방편이라는 개념을 과격하게 밀어붙여서, 『법화경』(서기 1세기경)과 같은 대승경전에서는 초기불교의 가르침은 단지 방편적으로 설해진 것일 뿐 아니라 그 전체가 목표로 나아가는 수단일 뿐이므로 그 속에 들어 있는 가르침 중에서 변화하는 상황의 요구에 맞추어 고치지 못할 것은 없다고 하였다.

이러한 생각은 윤리학적 측면에서 볼 때 함축하는 바가 크다. 만약 붓다가 펼친 가르침이 궁극적인 것이 아니고 잠정적인 것이라 한다면, 그의 가르침에 들어 있는 계율 또한 잠정적인 것이라 해야 할 것이다. 그러면 초기불교 문헌에 나타나는 명확하고 엄격한 계율들은 절대적 구속력을 가진 것이라기보다 일종의 지침일 뿐이라고 해석될 수 있다. 게다가 대승불교에 등장하는 새로운 도덕적 영웅인 보살들은, 자비를 강조하면서 자신들의 어떤 행동에 대해 관용적 이해를 요청하는 경우가 있다. 모든 중생을 구하겠다는 맹세를 지키기 위해 그 길에 계율이 방해가 된다면, 그것에 얽매이지 않으려는 내용들이 문헌에 나타난다. 계율에 문자 그대로 적힌 대로 따라서 행동하는 것이 아니라 그 정신에 따라 행동한다고 하는, 새로운 행동 지침이 등장한 것이다. 어떤 문헌에는 보살이 중생의 고통을 막거나 경감하기 위해서 자비의 정신에 의거하여 계율을 무시하고 그것을 넘어서는 부도덕한 행위를 하는 것이 허용되는 경우도 나타난다.

기원전 1세기경에 쓰인 『방편경』(*Upāya-kauśalya-sūtra*)이라는 불전에 보면, 어떤 사람이 끔찍한 범죄를 저질러서 지옥에서 가혹한 과보를 받는 것을 막기 위해서 그 사람을 죽이는 것도 가능하다고 한다. 또 다른 어떤 경전에서는, 아주 예외적인 상황에서는 거짓말이나 음행, 그 외 다른 계율 위반도 허용된다고도 한다. 그런 행동이 허용되니 그것을 기준으로 삼아 따르라는 것인지, 아니면 다른 사람들을 돕기 위해 스스로 계율을 어김으로써 앞으로 올 가혹한 과보도 기꺼이 받겠다는 보살의 대자비심을 생생하게 전달하려는 의도인지가 언제나 분명히 드러나는 것은 아니다.

탄트라의 가르침에서도 도덕적 계율을 무시하는 경우가 있다. 탄트라는 '금강승'(金剛乘, Vajrayāna), 또는 만트라야나(Mantrayāna)라고 하는데, 기원후 6세기 인도에서 발전한 불교의 한 형태로, 수행자가 이 현생에서 깨달음을 얻도록 속도를 높이기 위해 반도덕주의(antinomianism, 도덕적 기준을 역행함)나 비밀스러운 테크닉을 사용하는 것이 특징이다. 탄트라는 인격을 완전히 바꾼다고 하는 신비로운 방법을 사용하여 부정적인 정신 에너지를 긍정적인 것으로 변환시키고자 한다. 탄트라 수행자는 두려움이나 욕망과 같은 아주 본능적 수준의 감정에 갇혀 있는 에너지를 해방시킴으로써 원자를 쪼개는 것에 비견될 만한 고도의 정신적 수행을 하게 되고, 거기서 생산된 에너지를 사용하여 신속히 깨달음을 이룰 수 있다고 한다.

어떤 탄트라 수행법에서는 의도적으로 도덕적 규범을 뒤집고 금기를 깨는 행동도 한다. 관습적인 생각의 패턴을 깨고 더 높은 인식 상태로 가기 위한 마음에 대한 일종의 충격 요법이다. 예를 들어 술을 마시거나 성관계를 하는 등인데, 물론 이것은 승려의 계율을 심각하게 위반하는 것이다. 어떤 수행자들이 이러한 가르침을 문자 그대로 이해하고 실천하기도 하며, 어떤 사람들은 이런 내용은 단지 상징적인 것이며 수행을 위한 유용한 주제일 뿐이라고 본다.

이상에서 우리는 불교의 도덕률의 어떤 점은 전혀 특이할 것이 없다는 점, 예를 들어 살생, 훔치는 것, 거짓말 등을 금하는 것 등은 전 세계 어느 도덕률에도 다 들어 있지만, 업의 이론이나 윤회설은 적어도 서양의 입장에서 본다면 새로운 것이라는 점을 살펴보았다. 이제 다음 제2장에서는 서양 윤리학 전공자들은 불교의 이 복잡한 도덕적 가르침을 어떻게 이해하고 분류하고자 했는지를 살펴보겠다.

제2장 동서의 윤리사상

'불교윤리학'이 학문 분야로 자리잡게 된 것은 서구 사회에 불교가 알려진 이후의 일이다. 그 시점을 추적해 본다면 1964년 윈스턴 킹 (Winston King)이 쓴 『열반을 찾아서-테라바다 불교의 윤리학』(*In the Hope of Nibbāna: The Ethics of Theravāda Buddhism*)이라는 책의 출간을 기점으로 삼을 수 있겠다. 이후로 많은 학자들이 각종 서구 윤리학 이론에 의탁해서 '불교윤리학'의 성격을 더 깊이 규명하고 통찰을 얻고자 노력했다. 그러나 그러한 시도에 문제점이 없는 것은 아니다. 서구의 윤리학 이론을 동양에 적용해서 비교를 시도할 때 두 문화 사이에 문화적, 역사적 그리고 개념적 차이로 인해 왜곡이나 잘못된 해석이 생길 수 있다. 이러한 문제점의 실례를 이 제2장의 마지막 부분, '권리' 개념에 대한 논의에서 살펴보겠다. 여기서는 우선 서구의 윤리학 이론의 여러 가지 갈래를 소개하고 그 이론들이 목표로 하는 바가 무엇인지를 살펴보도록 하겠다.

　현대윤리학의 주요 갈래는 세 가지로 나눌 수 있다. 기술적 윤리학(descriptive ethics), 규범 윤리학(normative ethics), 메타 윤리학(meta-ethics)이 그것이다. 우선, 기술적 윤리학은 어느 집단이나 공동체에서 도덕적으로 요구하는 기준, 규범 그리고 가치관을 객관적으로 서술하고 그 행동 지침과 원리가 어떻게 특정 상황 속에서 적용될 수 있는가를 말하고자 한다. 두 번째, 규범 윤리학은 우리가 어떻게 행동해야 하는지를 관장하는 일반적 규칙과 원리를 제시하여 '좋은 삶'의 모습과 특징을 규정하고자 한다. 또한 그것이 확립하고자 하는 규범을 정당화하고 확인해 준다. 마지막으로 메타 윤리학은 도덕적인 용어들의 의미를 분석하고, 도덕 심리학, 행위의 윤리, 가치관과 같은 도덕 체계 내 여러 가지 요소들에 정합성을 부여하는 것을 그 목표로 한다.

　이상의 분류 체계를 이 책에 적용해 본다면, 앞의 제1장은 불교의 도덕적 가르침을 설명하고 있기에 기술적 윤리학에 해당할 것이다. 본 제2장은 메타 윤리학의 질문들을 폭넓게 다룬다. 그리고 이 책의 나머지 부분에서는 규범 윤리학의 여러 가지 문제점을 다룬다. 그런데 이 책의 최대의 관심은 이런 규범적인 원칙을 낙태, 안락사, 생태, 전쟁과 같은 개별 주제에 적용해 보는 데 있다. 따라서 이 책의 주요 초점은 응용적 규범 윤리(applied normative ethics)에 있다고 할 수 있다.

세 가지 윤리 이론

서구에서 가장 영향력 있는 윤리 이론은 의무론(deontology), 공리주의

(utilitarianism), 그리고 덕 윤리(德倫理, virtue ethics)의 세 가지이다. 의무론을 대변하는 가장 유명한 철학자는 임마누엘 칸트(Immanuel Kant, 1724~1804)이다. 의무론적 윤리학이란 의무와 당위를 강조하는 접근법으로서, 정당화를 위해 과거를 돌아보는 것이 특징이다. 예를 들어 의무론자는 이렇게 말할 것이다―내가 톰에게 돈을 주어야 하는 도덕적 이유는 내가 어제 톰에게서 돈을 빌릴 때 그렇게 갚겠다고 약속했기 때문이다. 따라서 내가 과거에 했던 약속이 나에게 도덕적 의무를 발생시켰고, 나는 이제 그 의무를 이행할 도덕적 책무가 있다. 그래서 의무론적 윤리학에서는 우리가 준수해야 하는 의무를 규정하는 규칙, 율법, 계율 등을 언제나 강조한다.

두 번째 공리주의(utilitarianism)는 제레미 벤담(Jeremy Bentham, 1748~1832)과 존 스튜어트 밀(John Stuart Mill, 1806~1873)과 긴밀하게 관련을 갖는 이론으로 어떤 행동을 실행함으로써 나타날 좋은 결과를 기대하며 미래의 시점에서의 정당화를 추구한다. 앞에서 살펴본 톰에게 돈을 빌린 경우를 예로 들어 본다면, 공리주의자들은 내가 톰에게 진 빚을 갚아야 하는 정당성에 대해 다음의 네 가지 사항을 지적할 것이다. 첫째는 내가 빚을 갚고 톰이 자신의 돈을 돌려받음으로써 얻는 만족감, 둘째는 두 사람 사이의 우정이 계속될 수 있다는 이점, 셋째는 나중에 필요할 때 톰에게 또 돈을 빌릴 수 있다는 점, 그리고 넷째는 사람들이 약속을 잘 지키고 빚도 잘 갚음으로써 사회 전체에 퍼지게 되는 일반적인 선善, 이 네 가지를 고려해야 한다는 점이다. 그래서 가능한 이 두 가지 사태, 즉 빌린 돈을 내가 갚지 않음으로써 생길 수 있는 나쁜 점, 예를 들어 우정과 신뢰를 잃게 되는 것과,

반대로 빌린 돈을 갚음으로써 생길 수 있는 좋은 점 이 두 가지 사이의 경중을 비교해서, 돈을 갚는 것이 더 바람직하고 따라서 도덕적으로 올바른 선택이라는 결론을 내리는 것이다.

세 번째는 덕 윤리(德倫理, virtue ethics)이다. 이 이론의 대표적인 철학자는 아리스토텔레스(Aristotle, BC 384~322)이다. 이 이론에서 중요하게 생각하는 것은 이미 존재하는 의무나 어떤 행동에서 발생할 좋은 결과가 아니라, 어떤 사람이 항상 그리고 자발적으로 선하게 될 수 있도록 인격을 도야하는 일이다. 덕 윤리는 올바른 습관을 계발하여 인격에 변화를 가져오도록 한다. 여기서 올바른 습관이란 올바르게 행동하는 것이다. 덕 윤리에 따르면 올바른 행동이란 특정 규칙을 따르거나 좋은 결과를 추구하는 것을 의미하지 않는다. 무엇보다도 중요한 것은 특정한 종류의 사람다움, 그리고 그런 사람이 '되는' 일이다. 이러한 인격의 변화가 일어남에 따라서 덕스러운 사람이 하는 행동은 자연스럽게 의무론 윤리 체계에서 말하는 것과 같은 도덕적 기준에 부합하는 행동이 될 것이다. 또한 그런 행동을 함으로써 결과적으로 행복도 증가할 것이다. 왜냐하면 일관성 있는 인생 계획을 갖고 그에 따른 양심적 선택과 통합된 가치관을 가지고 살아가는 사람의 인생이 더 행복한 경우가 적지 않기 때문이다. 아리스토텔레스는 올바른 삶을 영위함으로써 얻게 되는 좋은 상태를 가리켜서 '에우다이모니아'(*eudaimonia*. 영어로는 유다이모니아라고 발음)라고 불렀다. '에우다이모니아'란 흔히 '행복'이라고 번역하는데, 실제로 그것이 의미하는 바는 '잘해 나감', '번성해 나감'을 뜻한다. 이러한 에우다이모니아의 상태와 불교의 목표인 열반 사이에 적어도 개념적인 측면에서 우리는 유사성을 찾아볼 수 있다.

이상에서 세 가지 윤리학 이론을 소개했는데, 사실 각 이론이 다루는 철학적 논의의 범위와 복잡성에 비하면 너무나 간단한 설명이었다. 그러나 이렇게 간략하게라도 소개를 하는 이유는, 이 각각의 세 가지 이론이 앞의 제1장에서 설명한 불교 도덕관의 어떤 부분을 포착하고 있는가를 보여주기 위해서다. 예를 들어 불교에서 절대로 어겨서는 안 되는 도덕적 규칙으로서 오계五戒를 강조하는데, 이것을 보면 불교 윤리는 의무론적 특징을 가지고 있다. 불살생(不殺生, ahimsā)의 원칙은 다른 사람에게 해를 끼치지 말라는 의무를 부과한다. 또한 보편적인 도덕 규칙으로서의 업業설은 칸트적 의무론의 방향으로 해석될 수 있는 가능성도 보여준다.

한편 업의 이론은 불교에 공리주의적 해석을 부여하기도 한다. 업설에 따르면 도덕적 행동을 하는 이유는 현재와 미래에 행복과 좋은 삶을 이루기 위해서이다. 달리 표현하면 업설의 목적은 사성제四聖諦 중의 세 번째인 멸성제滅聖諦에서 명시되고 있는 바와 같이, 고(苦, duhkha)에서 벗어나기 위함이다. 선한 행동을 하는 것은 고통스러운 결과를 피하는 방향으로 나가는 것이므로, 업설을 이해하는 측면에서 본다면 불교는 일종의 '역공리주의'(逆功利主義, negative utilitarianism)라 할 수 있다.

또한 불교와 덕 윤리 간에도 유사성을 찾을 수 있다. 불교는 부정적인 상태나 악惡, 예를 들어 탐貪·진瞋·치癡, 즉 탐욕·증오·어리석음을 없애고, 그것을 긍정적이고 좋은 것들, 즉 덕德으로 채우는 자기 변혁의 길인 팔정도八正道를 가르친다. 범부(凡夫, prthagjana)가 부처가 된다

는 것은 앞의 제1장에서 논의한 대로, 열반이라고 하는 완벽한 자기실
현의 목표를 향하여 한 걸음 한 걸음 다가가는, 여러 생을 통한 덕성의
함양과 계발을 통해 일어난다고 한다.

　그러나 이상에서 살펴본 세 가지 이론은 부분적으로는 들어맞지만,
그 어느 것도 불교의 윤리 체계를 전체적으로 완벽하게 설명해 주지는
않는다. 그런 점에서 불교윤리란 의무, 결과, 덕 어느 한 가지에만
해당하는 주제가 아니라 세 가지 모두 각각에 어느 정도 다 관련성을
가진다고 할 수 있다.

윤리적 특수주의(Particularism)

앞에서 살펴본 것처럼 도덕 이론이 복잡한 문제임을 인지하게 되면서
불교학자들은 불교윤리를 정확하게 이해하기 위해서는 보다 유연한
접근법이 필요하다고 생각하게 되었다. 이런 바탕 위에서 미국의
불교학자 찰스 헬리세이(Charles Hallisey)는 불교도는 어느 한 가지
윤리 이론을 따르는 것이 아니고 "일종의 윤리적 특수주의를 취한다"
라고 주장하였다. '윤리적 특수주의'는 스코틀랜드의 철학자 로스(W.
D. Ross, 1877~1971)가 개발한 다원주의 윤리 이론이다. 이 이론에서는
필요에 의한 직관적으로 적용될 수 있는 일반적 또는 초견적(初見的,
prima facie) 의무를 상정한다. 로스는 이 의무들을 일곱 가지 지도
원칙의 형태로 요약해 말한다. 예를 들어 악행 금지의 의무(즉 우리는
타자를 해치지 말아야 한다), 선행의 의무(우리는 타자에게 항상 친절해야
한다), 자기 계발의 의무(자신의 행복을 증진하도록 노력해야 한다), 정의의

의무(우리는 항상 공정하도록 노력해야 한다) 등이다.

가치관의 측면에서 볼 때 불교가 이 입장에 특별히 동의하지 않을 이유는 없다. 특수주의의 해석을 채택하면, 상해를 입히지 않을 의무보다 선행 또는 자비의 의무를 우선시할 수 있으므로 대승불교에서 말하는 '방편'의 가르침을 정당화할 수 있다는 이점이 있다. 특수주의는 (의무적 윤리론과 같은) 일반적 의무와, (공리주의와 같은) 좋은 결과, 그리고 (덕 윤리와 같은) 자기 계발의 중요성을 인정하면서도, '실용적 지혜'라고 할 수 있는 자신의 '판단'이라는 미묘한 개념을 챙길 수 있어서, 필요에 따른 타당한 행동을 할 수 있다고 한다. 그러나 특수주의는 맥락의 중요성을 강조한다는 장점이 있으나, 불법(佛法, Dharma)이 가지는 선험적 특징을 충분히 고려하지는 못한다. 실존주의와는 달리, 불교는 선택이라는 행위를 통해서 나의 도덕적 선택이 완전히 정당화될 수 있다고 믿지 않는다. 현재 내가 최선의 행동을 하고 있음을 직관이 말해 준다고 하더라도 나의 도덕적 잣대가 삐뚤어져 있을 수도 있으며, 또한 내가 아무리 선한 의도에서 행동했더라도 그 행동이 불교의 진리에 어긋나는 것이라면 그 선택된 행동은 악업을 낳게 될 수도 있는 것이다. 특수주의를 주장하는 사람이 때에 맞게 결정했다라고 하는 그 상황은 스스로가 생각하듯이 그렇게 완전히 도덕적 제한이 없는 그런 것은 아닌 것이다.

완전주의(Perfectionism)

불교윤리학의 입장을 알아보기 위한 또 한 가지 방법은 '완전주의'라는 윤리 이론과 관련하여 고찰해 보는 것이다. 완전주의의 목표는 요즘 우리가 말하는, '가능한 가장 최선의 나'가 되는 것이다. 덕 윤리는 일종의 완전주의이다. 관용이나 지혜와 같은 특성을 완성하는 것을 선善이라고 정의하기 때문이다. 우리는 그런 자질을 계발하면서, 존경하는 스승이나 성자 또는 붓다와 같은 롤 모델의 행동을 따라 하게 된다. 이러한 형태의 완전주의는 '행위자 중심적'(agent-centered)인 특징을 갖는다. 왜냐하면 이 입장에서 개인은 자신의 완성을 우선하는 주체라고 생각하기 때문이다.

그러나 어떤 완전주의자들은 개인에 중점을 두기보다는, 완전해져야 하는 것은 일반적 행복이나 잘 사는 것(wellbeing)과 같은 전반적 사태라고 믿는다. 이것을 '행위자 중립적'(agent-neutral) 완전주의라 하는데, 이것의 목적은 이 세상을 더 나은 곳으로 만드는 데 있다. 이것은 예술이나 과학, 정치나 경제, 또는 공동체 전체를 이롭게 하는 어떤 방식을 발전시킴으로써 달성된다.

불교를 위에서 살펴본 두 가지 측면 모두에서 일종의 완전주의로 해석할 수 있다. 초기불교는 행위자 중심적인 완전주의에 더 가깝다. 왜냐하면 초기불교의 목적은 흔히 덕성스러운 자기 변화를 통한 개인적 구원으로 그려지기 때문이다. 반면에 대승불교는 '행위자 중립적인' 완전주의와 더 유사하다. 왜냐하면 대승불교에서 도덕적 의무는 모든 중생의 고통을 제거함으로써 보편적 행복을 증가시키는 것이기 때문이다. 물론 이러한 이상에 헌신하는 이타적 보살도 지혜와 자비 같은 덕성을 개발할 필요가 있다. 그래서 아마도 불교윤리학은 일종의 행위자 중립적 형태의 '성격 결과주의'(character consequentialism)로 규정될 수 있겠다.

이상에서 살펴본 모든 이론들은 각각의 장점이 있는 한편 한계도 있다. 이런 점 때문에 어떤 학자들은 불교윤리학은 특수하기 때문에 서구 이론의 분류나 틀에 맞지 않는다고 주장하기도 한다. 불교의 모든 경우에 적용 가능한 서구 이론을 찾는 것은 필연적으로 실패할 수밖에 없다는 것이다. 그러나 이러한 생각은 지나치게 부정적이다. 불교를 다른 종교 윤리의 체계(앞에서 살펴본 각종 세속적 윤리 이론과 구별되는 것으로)와 비교해 본다면, 불교는 다른 여러 종교 윤리학과 이론적으로 크게 차이 나는 것 같지는 않다.

불교와 마찬가지로 기독교 윤리에도 (십계에 나타나는 것처럼) 아주 잘 정의된 의무론적 요소가 있으며, 기독교도 (공리주의처럼) 기분 좋은 결과(특히 천국에서의 영원한 행복과 같은)에 가치를 두기도 한다. 덕성도 또한 기독교의 윤리적 가르침의 중심을 이룬다. 예를 들어 신앙, 희망, 자선과 같은 덕성이다. 다른 종교(예를 들어 힌두교나 이슬람)도 마찬가지로 이러한 윤리적 요소들을 다양한 방식으로 결합하지만 그것 때문에 특별하다고 간주되지는 않는다. 여러 종교가 서로 다른 도덕적 가르침을 가지며, 이론적 차원에서는 모두 다원주의로 이해될 수 있기 때문에 불교윤리학만 완전히 특별하다거나 불교 자체의 언어로써 이해 가능하다고 주장할 수 없다. 그렇다면 이제 낙관적으로 해석해 본다면 남은 일은, 지금까지 우리가 고려한 메타 이론 중 하나를 택할지 아니면 여러 이론들을 조합함으로써 가장 최선의 이론을 도출할지를 결정하는 일이다.

'윤리학'의 부재

앞에서 검토해 본 여러 질문, 즉 불교는 어떤 윤리학설에 속하는 것일까에 대해, 불교도들에게 직접 물어보는 것도 한 가지 방안일 것이다. 그런데 이러한 질문을 했을 때 권위를 가진 한 가지의 대답이 나오지 않는 것도 흥미롭다. 과거의 위대한 불교사상가 중 윤리에 대해 논서를 쓴 사람도 없고 초기 인도 문헌에는 '윤리'에 해당하는 말도 없다. 현대어 '윤리'에 가장 근접한 인도어는 아마 '실라'(śīla)일 것이다. 이것을 흔히 '도덕'(morality)이라고 번역하지만 사실 그 의미에 있어서는 규제된 행동 또는 자기 절제를 의미하는 것이다.〔역주: 불교 용어로는 '계율'이라 부름〕 불교사상가들은 정밀하고도 치밀한 형이상학·인식론·논리학 이론을 발전시켰지만, 메타 윤리 또는 도덕적 기준에 대한 철학적 분석과 관련해서는 별도의 학문 분야를 만들어내지 않았다. 그러면, 앞의 1장에서 인용한 덕성과 계율에 관한 여러 불교 문헌의 전거들은 윤리학과 아무런 관련이 없다는 말인가? 분명히 관련이 있다. 그러나 그것들은 도덕적 가르침이며, 따라서 메타 윤리적인 분석과 규범적 성찰로 나아가기 위한 출발점이 되는 서술적 주제를 구성한다는 점에서만 관련성을 갖게 된다.

불교에서 도덕적 딜레마의 문제를 탐구한 몇 안 되는 초기 문헌 중 하나로 『밀린다팡하』(Milindapañha, 흔히 『밀린다왕문경彌蘭陀王問經』 이라 함)를 들 수 있다. 이 텍스트는 서력기원 초에 지어진 책으로 인도 북서부의 그리스 영향 아래 있던 곳에서 불교 승려 나가세나(Nāgasena)와 그리스 왕 밀린다(Milinda) 사이에 벌어진 논쟁을 담고 있다. 밀린다 왕은 이 스님에게 날카로운 질문을 던지는 악역을 맡고 있는데, 윤리적 문제에 대한 대화를 시작하는 부분은 마치 플라톤 (Platon)의 초기 대화편에 등장하는 소크라테스(Socrates)의 역설과 유사하다. 예를 들어 에우티프로(*Euthyphro*) 편에서 소크라테스는 어떤 것들이 신들의 사랑을 받기 때문에 선한 것인지, 아니면 선하기 때문에 신들의 사랑을 받는 것인지를 질문한다. 이 딜레마의 불교판 은, 어떤 행위들이 업으로 보상받기 때문에 선한 것인지, 아니면 선해 서 업으로 보상받는 것인지를 묻는 것이리라. 하지만 밀린다 왕이 나가세나와의 논의에서 제기한 역설은 이 내용을 담지 않고 있으며 불교사상가들은 이런 종류의 질문을 전혀 하지 않았다.

왜 윤리학이 불교의 가르침 속에서 철학의 한 분야로 등장하지 않는지는 분명하지 않다. 한 가지 생각해 볼 수 있는 것은 불교가 당시 인도 사회의 변방 문화였던 출가주의 운동에서 시작되었기 때문 에 당연히 사회와 정치 문제로부터 단절되었을 것이다. 그런 맥락에서 는 윤리적 고찰에 대한 필요성이 그리 많지 않았을 것이다. 또한, 불교철학자 크리스토퍼 고완스(Christopher Gowans)는 불교신자들은 도덕 이론이 '도덕적으로 살고 깨달음을 얻는 데 필요하지도 않고 심지어 중요하지도 않다고 느꼈기 때문에 그러한 도덕 이론을 발전시 킬 이유가 없었다'고 제시한다. 다른 가능한 설명도 있기 때문에 이 문제에 대해 확정적인 결론을 내리는 것은 너무 이르다. 한편 어떤 학자들은 불교와 서양철학 학파 사이의 흥미로운 유사점을 계속 탐구 하고 있다. 스토아 철학(Stoicism)의 경우가 그 한 예이다(박스 5 참조).

〈박스 5〉 스토아 철학(Stoicism)

스토아 철학은 고대의 철학으로 요즘 많은 인기를 끌고 있다. 스토아 철학은 붓다의 입멸 후 약 1세기 후에 살았던 그리스 철학자 제논(Zeno, 기원전 334~262)에 의해 설립되었고, 약간의 차이에도 불구하고(스토아 학자들은 업설과 윤회설, 그리고 열반과 같은 초월적 상태를 믿지 않는다) 둘 사이에는 유사점이 있다. 둘 다 인생은 필연적으로 고통을 수반하며, 행복은 역경에 직면하여 올바른 정신적 태도를 닦음으로써 찾아진다고 가르친다. 스토아 철학자는 이것을 신중함(또는 실천적 지혜), 정의, 절제(또는 자기통제), 그리고 불굴의 네 가지 기본적인 미덕을 개발하는 것으로 설명한다. 이런 방식으로 사람은 쾌락이나 고통에 무관심해질 수 있고, 욕망으로부터 자유로워질 수 있다. 스토아 학자들은 욕망을 (불교도들과 마찬가지로) 고통의 주요 원인으로 여긴다. 로마의 스토아 철학자 세네카(Seneca)가 『어느 스토아 인으로부터의 편지』에서 말했듯이, '그러므로 미덕이야말로 유일한 선이다. 덕의 여신은 따라서 행운의 두 가지 극단 사이에서 양쪽 모두에 경멸을 보내며 자랑스럽게 행진해 간다.'

스토아학파는 독단보다 이성을 우선시하며, 불행에 직면해서는 정서적 강인함을 기르고자 노력한다. 그들은 부, 명성, 건강 등 삶에서 우리가 통제할 수 없는 여러 '외부적'인 것에 대해 무심

함, 또는 평정심을 수련한다. 마르쿠스 아우렐리우스(Marcus Aurelius, 2세기 로마 황제이자 『명상록』의 저자)가 말하듯이, '행복한 삶을 위해, 존재를 이해하는 사람을 위해, 물질적인 것은 거의 필요하지 않다.' 스토아학파의 관점에서는, 세속적인 물건을 소유하거나 외부 사건들을 통제하려는 것은 좌절과 불만을 초래할 뿐이다. 스토아학파에 따르면, 통제를 수용으로 대체하는 것이, '에우다이모니아'(eudaimonia)라고 부르는 행복의 상태를 성취하는 길이다. 정신 수양에 대한 스토아의 방법은 어느 정도 불교와 유사하며, 둘 다 현대의 마음챙김과 인지 치료 훈련법 프로그램에 영향을 주었다.

참여불교(Engaged Buddhism)

불교윤리학의 탄생과 거의 동시에 '참여불교'라고 알려진 유관한 운동이 출현하였다. 불교윤리가 개별 행동의 세부 사항과 관련을 맺는 반면, 참여불교는 사회정의, 빈곤, 정치, 환경과 같은 공공정책의 더 큰 문제에 초점을 맞추고 있다. 분명히 그들 사이에는 연관성이 있으며, 불교가 서양과 조우하는 시기와 거의 동시에 이 두 학문 분야가 발생한 것은 우연의 일치라 아니할 수 없다. 불교윤리와 참여불교는 서양사상의 두 가지 주요 분야인 윤리와 정치에 대응한다고 볼 수 있을 것 같은데, 이런저런 이유로 이 두 가지는 전통적 불교 학문 내에서는 독자적인 지위를 얻지 못했다.

참여불교는 현대 불교 사회에서 전 세계적으로 이제 아주 중요한 것이 되었다. 어떤 불교학자는 이전에 존재했던 불교의 세 가지 전통인 소승(小乘, 히나야나Hīnayāna), 대승(大乘, 마하야나Mahāyāna), 금강승(金剛乘, 바즈라야나Vajrayāna)에 더해서 이것이 새로운 '야나'(yāna), 승乘이 되었다고 주장한다. 이 말은 불교가 사회적으로 적극적인 적이 없었다는 뜻이 아니라 불교가 사회의 여러 문제에 대해 흔히 수동적이라고 인식되고 있음을 말해주는 것이다. 참여불교가 이렇게 유명해진 것은 베트남의 틱낫한(Thich Nhat Hanh) 스님 덕분이다. 그는 일상 속에서 깨어 있음, 사회봉사, 행동주의의 세 가지를 강조하는 베트남 불교의 이념을 이름 붙여 '사회적 참여불교'(Socially engaged Buddhism)라는 말을 창안하였다. 이 세 가지를 강조함으로써 사회적, 정치적, 경제적, 그리고 환경적 문제들과의 연관성을 확립할 뿐만 아니라, 가족과 사회의 공동체의 일상적 평범한 삶도 그 속에 함께 참여시킨다는 의미를 가지고 있다. 이러한 방식으로 참여불교는, '이 세상 속에서' 살고 있는 불교인 각각의 삶에 영향력을 가지게 되는 것이다. 그런데 많은 참여불교도들은 사회적 정의를 촉구할 때 불교적인 요구 사항을 표현하면서 '권리'라는 언어를 쓰는데, 아래에서 논의하는 바와 같이, 본질적으로 서양적 담론인 권리라는 개념이 불교의 가르침을 표현하는 데 올바른 수단인지에 대해 의문을 표시하는 사람들도 있다.

권리(Rights)

이 장의 서두에서 우리는 문화적, 역사적, 개념적 차이 때문에 불교윤리와 서구 윤리를 비교하는 시도는 자칫하면 왜곡될 수 있음을 지적하였다. 독자는 또한 1장에서 불교에서의 윤리적 요청은 권리의 형태가 아닌 의무의 형태로 표현된다고 언급한 것을 기억할 것이다. 그러나 서구에서는 권리의 언어(vocabulary of rights)가 정치 윤리적 담론의 공용어로 쓰이고 있으며, 많은 도덕적 주장이 권리에 대한 호소로 이루어지고 그 원칙에 따라 변호된다. 그리하여 낙태 논쟁은 흔히 '자신이 결정하고 선택할 권리'(right to choose)와 '생명을 가질 권리'(the right to life) 간의 충돌로 프레임화 된다. 안락사의 지지자들은 '죽을 권리'를 말하고, 여러 가지 맥락에서 '게이'와 '트랜스젠더' 권리 같은 소수자의 권리가 주장된다. 그러나 어떤 사람들은 불교의 경우에 있어서 이러한 용어로 쟁점을 구성하는 것이 맞지 않다고 말하기도 한다.

공통적으로 반대하는 점은 서양의 권리 주장에는 개인주의가 함축되어 있는데, 이것은 불교의 정신 수행의 측면이나 사회 안정의 측면에서 자아를 강화하고 이기적 태도를 장려하기 때문에 해롭다는 것이다. 태국의 유명한 스님 P. A. 파유토(P. A. Payutto)는 서구의 권리 개념은 '경쟁, 불신 및 두려움'을 포함한다고 말한다. 그분과 그와 의견을 같이하는 여러 사람들은 개인의 권리 주장은 불교의 무아설(無我, no-self, *anātman*)과 충돌한다고 우려의 목소리를 높이고 있다. 그런데 궁극적으로 자아가 없다면, 누구에게 그 논쟁이 향해지며, 또 지금 논쟁하는 문제의 권리를 가지는 사람은 누구인가 하는 것이다. 이것은 무척 복잡한 문제이지만, 권리를 옹호하는 측 사람은 무아(*anātman*) 교리란 초월적인 '자아'(自我, *ātman*)의 존재를 부정하는 것이지 현상적이고 경험적인 자아가 없다고 하는 것은 아니라는 점을 말할 것이다. 스스로가 형성한 각자의 독특한 정체성을 가진 인간 개인의 존재를 부정하는 것은 아니라는 것이며, 붓다가 분명히 그렇게 생각했던 것처럼, 자신의 정체성을 가짐으로써 각자 의무를 책임질 튼튼한 기반이 만들어지는 것이라면 권리에 있어서도 마찬가지라 할 수 있다.

　여기서 덧붙이자면, 이 문제가 무아설의 교리와 상충하지 않는가 하는 점에 대해, 예로 망명권 또는 인권기구나 헌장을 통해 보호를 받고자 하는 난민들의 권리 주장과 무아설과는 상충하지 않는다. 특히 개인주의에 대한 비난에 관련해서 인권의 문제는 개인만을 보호하는 것이 아니라 공동체도 보호한다는 점을 지적할 수 있겠다. 달라이 라마(Dalai Lama)와 같은 불교 지도자들이 종교의 자유를 촉구할 때의 의미는 티베트의 국민과 같은 국가 전체를 대표하여 말하는 것이다.

　권리 개념, 특히 인권 개념이 사실 해외 문화에서 들어온 것이라는 점 때문에도 비판이 발생한다. 1990년대에 다수의 아시아 국가들(특히 중국의 강력한 지원을 받는 말레이시아, 인도네시아, 싱가포르)의 정치 지도자들은, 권리 개념이란 서구의 지적 전통에서 나온 것이며 그러한 권리에 대한 담론은 제국주의와 신식민지주의를 은폐하기 위한 것이라면서, 인권 개념을 비판하기 시작하였다. 그들은 권리의 개념 대신 '아시아적 가치관'이라는 개념을 창안하여, 이것이 보다 공동체 지향적이라고 했다. 그런데 이후 인도의 경제학자 아마르티아 센(Amartya Sen)은 이것을 비판하여, '아시아의 가치'에 특별히 '아시아적인' 것이 있는가라고 질문을 던졌으며, 달라이 라마는 "문화의 차이와 사회적, 경제적 발전의 차이 때문에 인권 개념은 아시아와 제3세계에 적용될 수 없다"는 견해에 대해 비판의 의사를 표시하였다. 이들 권위 있는 목소리들은 차이보다는 전 지구적인 윤리적 기준 간의 공통점을 보다 더 강조한다.

이상에서 양측에서 쓰는 논증의 몇 가지 예를 소개하였다. 위의 논의가 보여주듯이 서구의 윤리적 개념이 아무 문제없이 불교에 바로 수용될 수 있다고 단순하게 가정해서는 안 될 것이다. 어떤 학자는 '윤리'와 같은 서구의 인식론적 범주 자체가 불교의 도덕관을 이해하는 데 장애가 된다고 주장하지만, 어떤 사람들은 위의 비교적 관점에 문제점은 있지만 그것을 비관적으로 보기보다는 앞으로 상호 이해의 전망이 도출될 것을 기대하고 있다. 그들은 독일의 철학자 한스-게오르그 가다머(Hans-Georg Gadamer)가 말했던 "모든 오해는 '깊은 공통의 합의'를 전제하지 않는가"라는 해석학적 질문을 되새기면서 앞으로의 미래 전망에 대한 희망적 메시지를 찾는다.

이들 낙관론자들이 불교윤리학에 대한 메타 윤리적 탐구가 유익하다고 보는 두 가지 이유가 있다. 첫째는 1장에서 우리가 살펴보았던 도덕적 가르침이 이론적으로 과연 정합성이 있는지, 그렇다면 어떤 이론적 형태가 될 수 있는지를 순수한 지적 호기심에서 알아보고자 하는 욕구이다. 아직 결론이 난 것은 아니지만 이러한 질문은 최소한 던져볼 만한 것이다. 두 번째 이유는 실용적인 것으로, 디자이너나 엔지니어, 그리고 기후 과학자들이 모델을 만들고 시안이나 시뮬레이션을 제작하는 것과 같은 이유이다. 자신들이 만든 설계와 이론을 테스트해서 다양한 시나리오 하에서 어떤 결과가 나올지를 예측해 보고자 하는 것이다.

불교윤리학에 대해서 모형을 만드는 이유도 그와 비슷하다. 뒤에 나올 8장에서 우리는 복제나 유전자 편집, 트랜스휴머니즘과 같은 초기불교 문헌에서는 전혀 논의되지 않았던 주제들을 다룰 것이다. 만일 우리가 불교윤리에 있어서 작동하는 임시 모델을 개발할 수 있다면 이러한 주제들에 대해서도 논의를 시작하는 것이 가능할 것이다. 기계적으로 잘라내서 답을 얻겠다는 뜻은 아니다. 사람들이 많이 인용하는 통계학자 조지 박스(George E. P. Box, 1919~2013)가 했던 말, '모든 모델들은 틀리지만 어떤 것들은 유용하다'를 명심하자. 우리가 이 장에서 검토했던 이론 중 가장 유용한 부분을 사용해서 좀 더 강력한 모델을 만들어낼 수 있을 것이다. 물론 결과를 보고 미세 조정이 필요할 것이다. 하지만 우리의 도전거리 과제를 빈손으로 접근하는 것보다는 물론 나을 것이다.

그런데 이 장에서 설명한 개념적인 어려움을 우리가 어떤 식으로든 해결해 낸다 하더라도, 불교계는 단 하나의 권위적 중심체가 없기에 불교도들 간에 어떤 쟁점에 대해서 통일된 한 가지 의견이 도출될 수 있으리라 속단하기는 어렵다. 여러 다른 전통의 불교인들은 서로 믿는 바도 다르고 그 다른 믿음에 따라 다른 윤리적 결론을 내리며 그 결론을 각자 다른 방식으로 정당화할 것이다. 그러므로 어떤 주제에 대해 이것이 '불교의 견해'라고 결정하는 것은 힘든 일이다. 하지만 우리는 최소한 몇 가지 준칙은 제시할 수 있다. 예를 들어 권위 있는 문헌 자료에 그 견해가 나오고, 주요 불교 학파에서 동의하는 바이고, 폭넓은 문화적 지지를 가지거나, 또는 오랜 시간에 걸쳐 지속적으로 받아들여져 온 견해라면 우리가 그 견해를 선호하는 것은 합리적일

것이다. 그래도 여전히 다른 해석과 이견의 여지는 남겠지만 최소한
앞으로 이어질 중요 주제들에 대한 논의에서 출발점은 될 수 있을
것이다.

제3장 동물과 환경

인간뿐만 아니라 동물과 환경까지도 포함하는 넓은 도덕적 지평을 가지고 있다는 점에서 흔히 불교를 '환경친화적' 종교라고 한다. 그런 점에서, 인간은 자연질서에 대해 권위를 갖는 창조세계의 청지기로서의 지위를 신에게서 부여받았다고 하는 기독교보다 불교는, 자연에 대해서 보다 '깨달은' 입장을 지닌다고 일반적으로 평가된다. 역사학자 린 화이트(Lynn White) 같은 사람은 기독교의 이러한 생각이 현대의 생태 위기에 깔려 있는 원인 중 하나라고 주장한다. 자연은 단지 인간의 이익에 봉사하기 위해 존재하며, 상황이 요구하는 대로 착취해서 쓸 수 있는 것이라는 관념을 부추긴다는 것이다.

반면 불교는 자연과 조화로운 통합의 길을 모색하며 자연계 내에서의 일체감과 상호 존중을 북돋운다고 한다. 불교의 가르침에 따르면 인간은 동물로 태어날 수도 있고 또 그 반대의 경우도 되기 때문에 불교의 세계관은 다른 종의 생물과 보다 가까운 동류의식을 보여준다.

이런 점에서 불교는 하나의 종(즉 인간)이 다른 종에 비해 더 우월한 지위를 갖는다는 종種차별주의 혐의는 없는 것 같다.

불교 국가를 방문해 본 사람이라면 그곳 사람들이 동물에게 인정스럽게 행동하는 경우를 많이 보게 될 것이다. 많은 불교 국가에서 공통적으로 시행되는 습관으로 '방생放生'이라는 것이 있다. 약간의 돈을 지불해서 잡혀 있는 동물을 놓아주도록 하는 것이다. 예를 들어 새장 속에서 작은 새를 꺼내어 밖으로 날려 보내주는데, 그 돈을 내준 사람은 그 자비행으로 인해 공덕을 얻게 된다고 한다. 보다 교리적 측면에서 살펴본다면, 연기緣起설에 대하여 이 우주에는 어떤 형이상학적인 통일체가 깔려 있고 그것이 모든 현상들을 미묘하고도 복잡한 관계의 그물로 연결한다고 해석한다. 『화엄경』(3~4세기 성립)에 나오는 '인드라의 그물'의 이미지가 이 연기 개념을 설명하는 데 흔히 사용되는데, 각 그물의 코에 보석이 달려 있고 그 보석의 여러 면이 서로를 반사하고 비추면서 일종의 '프렉탈'(fractal)을 만들어낸다고 묘사하고 있다.

그런데 불교가 기독교보다 자연에 대해서 더 나은 태도를 지닌다고 하는 관점에는 타당성이 있지만 불교가 '녹색' 가치와 완전히 들어맞으며 '동물의 권리'나 다른 환경운동의 수호자라고 하고 주장하기에는 좀 더 자격요건이 필요하다. 불교 문헌에 동물과 환경에 대한 이야기가 많이 들어 있다는 것은 의심의 여지가 없지만 그 맥락을 잘 들여다보면 많은 경우 현대의 자연보호주의자들이 말하는 동물의 고통을 경감하자는 주장과는 공통적인 요소가 많지 않다는 것을 알 수 있다. 불교의 기본적인 관심은 인간을 고통에서 해방시키는 데 있으며, 그리고

여러 측면에서 인간중심주의를 취한다는 점에서(가치기준을 인간에게
두고 자연을 보호하는 것은 인간 때문이라는 관점) 많은 이들이 생각하듯이
불교의 자연관은 기독교의 자연관과 그렇게 동떨어진 것이 아닐지
모른다.

동물의 도덕적 지위

기본적으로 불교 문헌에서는 모든 생명은 존중되어야 한다는 관점을
지지하는 것 같다. 오계의 첫 번째 불살생계는 단지 인간뿐만 아니라
살아있는 생명(*prāṇa*)에게 폭력을 가하지 말 것을 요구하기 때문에
동물을 어떻게 다루어야 하는지에 대해 직접적 연관성을 가진다.
『숫타 니파타』(*Sutta Nipāta*)는 이렇게 분명히 말하고 있다.

> 이 세상에 모든 살아있는 것은 강한 것이건 약한 것이건 폭력(몽둥
> 이)을 두려워하니 이들 생명에 대해 폭력을 거두어야 한다.
> 살아있는 것을 직접 죽여서도 안 되며, 남을 시켜 죽여서도 안
> 되고, 또한 다른 사람이 죽이려는 것을 용인해서도 안 될 것이다.
> (v. 394)

경전 속에는 붓다가 생명 파괴를 금지할 뿐만 아니라 식물이나
그 씨앗을 해치는 일도 삼가하려는 모습이 나타나고 있다(D.i.4).
깨달은 사람은 모든 살아있는 존재의 안녕을 위해 친절한 마음을
보이고 자비심을 가지고 살아야 한다는 언급도 종종 등장한다(A.i.

211). 폭력을 쓰지 말라는 것은 팔정도 중 정업(正業, 바른 행위)과 정명(正命, 바른 생활)에 들어가는 사항이다. '정업'에서는 목숨을 뺏는 행위를 하지 말라는 것이 들어 있으며(D.ii.312), '정명'에서는 고기나 무기를 다루는 직업을 금하고 있다(A.iii.208). 사냥이나 도축업이나 그와 유사한 직업도 금지되어 있다(M.i.343). 이상에서 말한 모든 지시 사항들은 분명히 동물 보호에 기여한다.

또한 자연세계에 대한 윤리적 태도에 영향을 줄 수 있는 것으로 제1장에서도 소개한 자慈·비悲·희喜·사捨의 사무량심(四無量心, Bra-hma-vihāra: maitrī, karuṇā, muditā, upekṣā)이 있다. 자·비·희·사는 '존귀한 태도'라고 불리며, 자연을 보호하고 그들의 복지를 지켜주려는 감정을 북돋운다. 진정으로 자비심에 가득 찬 사람이라면 이런 숭고한 감정을 가지면서 무분별하게 환경을 훼손하거나 잔인한 유혈 스포츠를 하지는 않을 것이다. 그러나 경전을 읽다 보면, 이 같은 숭고한 태도는 기본적으로는 수행자의 수행을 높이기 위해 부과되는 것이며 (S.ii.264), 환경에 이익을 주기 위한 것은 아니라는 점을 알게 될 것이다. 이런 수행의 결과가 전 우주에 점차 가득 차게 될 것이라고 말하는 점도 주목된다. 비록 이들 수행자가 자연계를 위해 수행하는 것은 아니지만 자연계도 이들의 수행에서 간접적인 혜택은 얻게 된다는 것이다. 대승불교에서는 보살의 대자대비(大慈大悲, mahā-karuṇā)를 강조한다. 또한 유가행파(瑜伽行派, Yogācāra)의 여래장(如來藏, thatā-gata-garbha) 개념, 즉 동물을 포함하여 모든 중생에게 붓다가 될 수 있는 보편적 씨앗이 내재한다고 하는 주장은, 생태주의의 관점을 취하는 데 있어 불가결한 요소이며, 자신과 세계 간의 윤리적 동질성의 입장을 보다 더 강화시킨다.

불교의 비폭력과 자비의 가치관은 붓다가 동물 제사를 거부하는 것에서 뚜렷하게 드러나고 있다. 붓다는 동물을 제물로 바치는 제사를 엄중하게 비판하고, 그것 대신 기름, 버터 또는 당밀로 제사를 지내는 것은 칭찬하였다(D.i.141). 큰 제사를 앞두고 여러 가축들이 도살될 것이라는 말을 듣고는 그런 행동에서는 어떠한 좋은 공덕도 생길 수 없다고 말하였다(S.i.75). 그런데 이들 문헌에서는 동물의 고통에 대해서는 심각한 우려를 표명하지만, 동물의 본성 자체에 대한 관심은 거의 보이지 않는다. 동물도 고통을 겪는다는 것은 분명히 인지하지만 그것 외에 동물의 지위에 대해서는 입장이 모호하다. 동물의 출산을 찬미하는 경우도 있지만(M.i.341), 대부분 야만적이며 천한 것으로 본다(M.iii.169). 하지만 어떤 경우, 동물도 선업과 악업을 지을 수 있는 도덕적 존재임을 암시하는 경우도 있다. 아침에 어떤 자칼의 울음소리를 들었는데 자신이 아는 어느 승려보다 더 감사와 고마움을 안다고, 붓다가 지적하는 이야기도 있다(S.ii.272).

불교의 문헌 자료들이 동물의 삶의 진정한 현실을 잘못 대변하는 경우도 있다. 어떤 문헌에서는 어떤 동물이 가지지도 않은 특정 성질을 부여하기도 하고, 그들의 생물체적 현실을 호도하기도 한다. 이런 점은 『자타카』이야기 속에서 그 예를 찾아볼 수 있다. 『자타카』는 이솝 우화같이 도덕적 가르침을 펼치기 위한 것임에도 불구하고, 그 속에 동물과 자연계의 모습이 많이 등장하기 때문에 그 이야기들이 불교의 생태적 우위성을 증명해 주는 자료로 종종 인용된다. 예를 들어 『안타 자타카』(*Anta Jataka*)는 아첨과 탐욕의 폐해를 보여주는 이야기이다. 까마귀와 자칼이 등장하는데, 그들은 둘 다 음식을 얻으려고 거짓으로 아첨을 떠는 탐욕스러운 존재로 그려지고 있다(J.440-1). 이 이야기가 주는 교훈은 유익하지만 그렇다고 동물이 주인공으로 등장한다는 점만 가지고서 불교가 동물에 대해 관심이 있었다는 증거로 쓰일 수는 없다. 사실 이 경우는 탐욕과 아첨이란 것은 까마귀와 자칼이라는 종이 마치 일반적으로 가지는 공통된 성격이라는 식으로 일반화하고 있는데, 이 이야기에 따라 나오는 시구에서 자칼은 모든 짐승 중에서 가장 천하며 까마귀는 모든 새 중에서 가장 천한 동물이라고 말한다. 따라서 이들 동물을 의인화하여 묘사함으로써 그들을 무시하고 깎아내리는 결과를 가져오게 된 것이며, 이것을 생태학적 관심과 연관시킬 수는 없을 것이다.

이같이 특정 종의 동물과 도덕적 자질을 임의적으로 연관시키는 것을 볼 때 불교는 동물 자체에 대한 관심이 있기보다는 '인간의' 선과 악을 대변해 주는 역할로 동물을 사용하고 있음을 알 수 있다. 이런 측면에서 때로 특정 동물들의 좋은 특징들이 붓다와 그의 제자들을 설명할 때 적용되기도 한다. 예를 들어 붓다는 혼자서 걸어가는 수코끼리에 비유되고(A.iv.435-7), 그가 깨달음을 선포한 것은 사자의 포효에 비유되며(A.ii.33), 수행 잘하는 붓다의 제자들을 일컬어 종마와 같다(A.i.244-6)고 하는 등의 비유가 그것이다.

식물의 생명(plant life)과 야생지대(wilderness)

불교에서 식물의 윤리적 지위는 불분명하다. 초기불교도들이 나무와 풀도 다른 존재들과 마찬가지로 고통을 느끼는 것으로 믿었는지, 아니면 감각지각이 없는 것으로 간주했는지는 분명히 단정하기 어렵다. 어떤 경전에 나오는 조항을 보면 앞에서 언급한 씨앗과 식물에 상해를 입히는 것을 금하는 규정이 포함되어 있다(D.i.5). 또한『율장』의 계본(戒本, *Prātimokṣa*)에는, 식물에 손상을 입히는 것을 금하면서 식물을 단일 감각지각을 가진 생명체(*eka-indriyajīva*)로 분류하고 있다(Vin.iii.155). 그러나 이러한 규칙들이 생태 문제나 또는 승가 밖의 외부 사회와 관련성을 갖는지는 분명치 않다.『율장』에는 신도들의 관점을 고려해서 그들에게 신경을 쓰고 있다는 것이 드러나고 있는데, 아마 이들 재가자들은 불교 승려들을 자이나 승려들과 비교하는 눈으로 지켜보았을 것이다(오늘날까지도 자이나교도들은 규율을 엄격하게 지키는 것으로 유명하다).

또 경전의 어떤 곳에서는 이런 말도 나온다. 한때 열매와 그늘을 제공해 주었던 가지와 나무를 베면 나쁜 업이 따르고(A.iii.369), 숲과 공원을 가꾸는 사람들은 공덕을 얻을 것이다(S.i.33). 위대한 불교인이었던 아쇼카 왕(Aśoka, 기원전 3세기)은 나무와 약초를 심었다. 그리고 일반 민간신앙에서도 나무와 식물을 정령들이 깃든 곳으로 존중하였다. 그런데 이것을 생태학의 관점에서 살펴본다면 애매한 기준으로 보인다. 신들이 거주하지 않는 나무는 베어도 상관없다는 뜻이 될 수 있기 때문이다. 이것은 또한 나무의 보호(생태 중심)보다 신과 정령들의 보호(즉 신 중심)에 더 관심을 둔다는 것을 말한다.

야생지대(wilderness)는 오늘날 생태학적 의제의 중요한 부분을 형성한다. 불교에서는 야생의 자연에 대한 언급을 하지만 특별히 그것을 보존해야 된다고 하지는 않는다. 붓다는 그의 고향 인도 땅에 대해 다음과 같은 용어를 써서 설명했다. '쾌적한 공원이나 숲, 풍경, 또는 연꽃이 핀 연못은 거의 없는 반면 언덕과 비탈, 건너기 힘든 강, 그루터기와 가시가 엉긴 곳, 그리고 험준한 산이 무척 많다'(A.i.35). 도시나 마을에 사는 사람들에게 야생은 실제적인 그리고 상상 속의 위험 모두를 포함한다. 불교미술사학자 피아 브란카치오(Pia Brancaccio)는 이렇게 표현한다. "야생 그 전체가 위협으로 간주되고, … 그 숲에는 야생 동물, 유령, 괴이한 사람, 야차(夜叉, yaksa, 괴물), 그 외 다른 존재들이 살고 있어서 마을 사람들의 두려움과 환상을 키웠다. 커가는 도시 공동체 내에서 불교가 발전해 가면서 다시 한번 숲이라는 환경을 두려움과 존경이 뒤섞인 감정으로 보게 된 것이다." 우리는 또한 초기 자료로부터 또한 삼림 벌채가 현대에 시작된 현상은 아니라는 것을 알 수 있다. 목재를 얻기 위해 숲은 착취되었고(건물은 대부분 나무로 만들어졌음), 붓다가 활동하던 즈음 갠지스 강가의 넓은 평원은 농업 목적으로 개간되었다.

그러나 야생 지역의 험난함 때문에 불교인들이 자연의 아름다움을 몰라본 것은 아니다. 달빛 비치는 밤, 베살리 근처 향기를 내뿜는 나무들로 가득 찬 고싱가 나무(Gosiṅga-sāla) 숲이 얼마나 보는 사람의 눈을 즐겁게 하는지에 대한 묘사도 있다(M.i.212). 환경윤리에서 자연을 있는 그대로 보존해야 한다는 정당성을 주장할 때, 미적 관점에서 그것을 설명하는 경우가 있는데, 불교 미학의 경우도 여기에 적용될 수 있겠다. 한편 이와 아주 대비적으로 나무와 연못이 금과 보석으로 만들어진 화려한 곳에 대한 묘사도 불교 문헌에 나온다(D.iii.182).

이러한 화려함의 묘사는 불교도들은 야생의 아름다움만큼이나 문명의 아름다움도 귀하게 여겼음을 말해 준다.

야생지역 보존과 관련하여 가장 강력한 주장은, '은자의 삶'(hermit strand)이라는 불교 문헌 속에 나오는 삶의 방식이다. 독일의 불교학자 람버트 슈미트하우젠(Lambert Schmithausen)이 찾아낸 이 구절은 방해 없이 해탈의 길을 가고자 자연이 둘러싼 곳에 살고자 하는 은둔자들에게 붓다가 준 가르침의 내용이다(M.i.274 등에 나옴). 붓다는 제자들에게 정글 속에 혼자 살도록 권유하면서 이렇게 말한다. "여기 나무의 뿌리가 있고 여기 빈집이 있다. 승려들이여, 참선하라! 나태하게 지낸 후에 나중에 자책하지 말라, 이것이 바로 내가 너희들에게 주는 가르침이다."(A.iii.87)

그 스스로 숲에서 살고자 궁전을 떠났고, 그의 삶의 주요 사건들, 즉 탄생, 깨달음, 첫 설법, 그리고 죽음, 이 모두가 나무 아래나 야외에서 일어났다는 사실은 그를 자연환경과 연결시킨다(그림 3). 붓다와 그의 제자들은 종종, '마을에서 너무 가깝지도 멀지도 않으며, 접근성이 좋지만 그러면서 조용하고 사람들과 떨어져 있고, 낮에는 붐비지 않고 밤에 조용하며 영적 수행에 적합한'(Vin.i.39) 곳이라고 묘사되는 사위성(舍衛城, 슈라바스티Śrāvastī) 근처의 제타바나(Jetavana) 숲에 머물곤 했다. 그러한 장소들이 없었다면, 그들 종교적인 진리를 추구하는 사람들은 일상의 삶에서 벗어나기 어려웠을 것이니 이 점이 왜 야생의 땅이 보존되어야 하는지에 대한 근거가 되는 것 같다. 그러나 은자의 삶도 기본적으로는 인간중심적인 것이며 인간중심주의는 환경 관련 문헌에서는 일반적으로 비판되는 바이다.

〈그림 3. 나무뿌리에 올려진 불두佛頭, 태국 아유타야의 왓 마하텟 사원(Wat Mahathat, Ayutthaya, Thailand) 소재〉

평등(equality)이냐 위계(hierarchy)냐?

자연계와 관련된 윤리학적 고찰에서 중요한 질문 중의 하나는 어떤 생명의 형태가 다른 것보다 더 도덕적 배려를 받을 가치가 있는가이다. 여기에 대해 불교의 분명한 입장은 없다. 그러나 모든 존재는 이 점에서 다 평등하다라는 결론을 불교의 원칙 위에 정립하는 것은 쉬운 일은 아니다. 앞서 제2장에서 살펴본 바와 같이 불교에서는 권리 개념이 생소한 것이므로 불교가 '동물의 권리' 운동의 편에 설 가능성은 높지 않아 보인다. 설령 권리 개념을 수용한다 하더라도 불교는 여러 생명체들 간의 위계를 인정하기 때문에 동물의 권리와 인간의 권리를 동등한 것으로 간주할 것 같지는 않다. 승가의 규칙에서 동물을 죽이는 행위는 가벼운 것(바일제波逸提, *pāyantika*)인 반면, 인간을 죽이는 행위는 훨씬 중한 범죄(바라이죄波羅夷罪, *pārājika*)라는 점을 주목해야 한다.

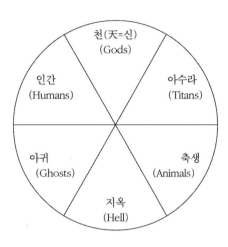

〈그림 4. 육도 윤회〉

불교에서 말하는 삼사라, 즉 육도六道의 끊임없는 윤회에 대한 설명을 보면, 여섯 가지 길이 열거된다. 지옥, 축생, 아귀, 아수라, 인간, 천(天, 즉 신)이 그것이다(D.iii.264). 흔히 '존재의 수레바퀴'(*bhavacakra*)라고 불리는 이 여섯 영역 중 세 가지 영역(중앙선 아래)은 '불행'으로, 위의 세 가지 영역(중앙선 위)은 '행운'으로 분류된다(그림 4 참조).

이 여섯 영역은 각각 다른 지위와 특징을 갖는다. 동물은 한 영역을 차지하고 인간은 다른 영역을 차지하는데, 동물보다 인간으로 태어나는 것이 분명히 바람직하다. 한편 존재들은 여러 영역을 끊임없이 옮겨 다니는데 어느 한 영역에 영원히 머물 수 있는 것은 아니다.

주목해야 할 것은 '인간으로 태어남'은 특별한 것이다(precious human birth). 신으로 태어나는 것보다 인간으로 태어나는 것이 더 큰 특별하고 좋은 일이다. 천신은 전생의 선업의 대가로 현재 즐거움의 세계에 머물러 있지만, 반면 인간은 자유의지와 도덕적 주체성을 발휘할 능력과 기회, 동기를 모두 갖고 있다. 이러한 이유로 여섯 가지 길 중에서 해탈을 얻기에 가장 좋기 때문에 인간으로 태어나는 것이 가장 행운이다. 그러나 인간이 이러한 독특한 가치를 지니고 있다고 하더라도 인간만이 도덕적 존경을 받을 자격이 있다고 하는 것은 아니다. 위계적 구조는 전적으로 인간중심주의를 말한다기보다 단계적인 가치 체계를 가진다는 것을 보여주는 것뿐이다.

동물의 세계와 관련하여 흥미로운 점은 존재의 사슬에서 어디까지 우리의 도덕적 의무가 미치는가 하는 문제이다. 초기의 경전들은 인간이 전갈과 지네(A.v.289), 심지어 벌레와 구더기(M.iii.168)로 환생할 수도 있다고 한다. 불살생계는 앞서 언급한 바와 같이 생물에게 상해를 입히는 것을 금지하고 있으나 하위 생물로 내려가면 도덕적 세계의 경계가 모호해진다. 본 저자는 어떤 글에서 '카르믹 라이프'(karmic life, 업에 따르는 생명체)라는 개념이 종種 간의 분리에 원칙을 부여할 수 있다고 제안한 적이 있다. 카르믹 라이프라는 말은 지각을 가지고 있으며, 환생을 하고, 도덕적으로 자율적인 그러한 형태의 생명을 가리키는 말이다. 인간과 상위 포유류가 여기에 포함되겠지만 낮은 진화 단계에도 도덕적 지위가 모호한 많은 수의 종이 있다.

이 기준에서 따르면 불살생계는 바이러스나 박테리아 같은 미시적 형태의 생명체에는 적용되지 않는다. 왜냐하면 이 생명체들은 환생하

지 않으며, 자율적인 주체라기보다 어떤 존재의 일부로서 기능할
뿐이기 때문이다. 예를 들어 바이러스는 지각력이 없고(고통을 경험하는
중추신경계가 결여되어 있다), 업에 따라 태어난 역사가 없으며(이전에는
존재하지 않았다), 더 큰 유기체의 일부이며 그것의 팔 또는 다리 하나보
다 더 높은 도덕적인 지위를 갖지 않는다. 그러나 카르믹 라이프라는
기준을 채택하면, 자연계의 대부분을 차지하는, 특히 산, 강, 호수와
같은 무생물의 경우는 내재적인 도덕적 가치를 결여하게 된다. 단지
카르믹 라이프를 도와주는 정도의 도구적 가치만 갖는다.

그런데 불교 문헌에서는 자연 내의 위계는 말하지만, 이런 위계적
구조 위에서 현대 생태학에서 다루는 주제인 종種, 또는 선택적 보존과
같은 것을 논의하지 않는다. 붓다는 '동물계보다 더 다양한 삶은 없
다'(S.iii.152)고 하면서 동물계의 다양성을 확실히 인식하고 있었다.
불교에서는 동물은 여러 다양한 방식, 즉 다리가 없거나 둘이거나
넷이거나 또는 여럿이거나(A.v.21), 출생 방식에 따라 자궁이냐 알이냐
등으로 분류되지만(S.iii.240), 동물계 내부나 또는 동물과 식물 간의
위계에 대한 논의는 나타나지 않는다. 이러한 점 때문에 어떤 종을
먼저 보존해야 하는가 하는 문제는 논의가 어렵다. 다음 장에서 검토해
볼 4세기의 불교학자 붓다고사(Buddhaghosa)의 견해에 따르면, 동물
의 크기가 클수록 그것을 죽임으로써 생기는 나쁜 업이 더 크다고
한다(MA.i.189). 코끼리를 죽이는 데에 더 큰 힘이 들기 때문에 파리를
죽이는 것보다 더 심각한 일이라는 것이다. 그러나 이러한 논리는
종 보존의 근거가 되기에는 큰 도움이 되지는 않는다. 왜냐하면 때로는
큰 포식자들보다 그 포식자들 때문에 멸종 위기에 처한 작은 종을

보호하는 것이 더 중요할 때도 있기 때문이다.

자연의 보존을 실천하는 것은 또한 아힘사의 원칙과 충돌할 수도 있다. 예를 들어 불교는 자연계의 균형을 맞추기 위한 보존 조치로 어떤 동물을 도태시키는 것을 인정할 것인가? 이에 대한 대승불교에서의 답변은 방편(方便, *upāya-kauśalya*) 개념의 제시가 될 것이다. 앞의 제1장에서 살펴보았듯이 방편 개념은 대승보살이 다른 생명의 안녕과 행복을 위해 이타적 정신으로 계율을 어기거나 했다면 그것을 용인할 수 있다고 한다. 그러나 환경 문제와 관련하여 방편 개념을 적용하는 것은 복잡한 문제이다. 왜냐하면 그렇게 되면 불교의 원칙에서는 '왜' 어떤 종의 복지를 다른 종의 복지보다 더 중요하게 생각해야 할지, 앞에서 검토한 여러 종류의 질문들이 다시 제기될 것이기 때문이다.

심지어 앞에서 언급한 '방생'의 사례도 동물보호단체들로부터 비난을 받고 있다. 국제동물보호협회(Humane Society International)에 따르면 방생 때문에 전 세계적으로 수억 마리의 동물이 포획되고 이 때문에 지역 생태계가 망가지고 있다 한다. 또한 이 동물들은 살기 부적합한 환경에 풀어지는 경우도 많아 그 경우 곧 죽거나 또다시 잡혀 온다. 2015년 대만 불교계의 큰 어른인 하이타오(Hai Tao) 스님의 신도들이 외국에서 가져온 수백 마리의 랍스터와 게를 영국 브라이튼 앞바다에 풀어 주었는데 그곳의 해양 생물계에 큰 피해를 입혔다. 책임자들은 무거운 벌금을 물었고 배상금을 지불해야 했다.

채식주의

채식주의 문제는 환경 문제에 관한 글에서 자주 토론되는 문제이다. 그것을 옹호하는 입장에서 다음 두 가지 주장이 자주 언급된다. 첫째, 근대의 육류를 얻는 방법은 비경제적이고 낭비적이며 환경에 해롭다. 육류를 위해 사육되는 동물들은 그들이 산출하는 것보다 훨씬 더 많은 자원을 소비하며, 축산업은 온실가스 배출을 늘인다. 둘째, 동물들은 도축될 때 고통을 받는다는 점이다. 이것이 채식주의자들의 '인도주의' 주장이다. 결국 그들의 목적은 동물의 고통을 줄이고 결국은 동물의 고통을 멈추어야 한다는 것이다.

초기불교 문헌 중 『중부 니카야』(*Majjhima Nikāya*) 중에 들어 있는 『지바카 숫타』(*Jīvaka Sutta*)에는 채식주의를 하라든지 또는 하지 말라는 구체적인 지시가 나오는 것은 아니지만, 채식주의 문제에 대해 해결의 빛을 비춘다. 이 경전은 동물 도살장에서 행해지는 여러 가지 행위들을 묘사하고 있는데, 이들 각각의 행위는 나쁜 업을 낳는 악행이다. 예를 들어 도살할 동물을 데려오라는 명령을 내리고, 그 동물을 데려오고, 죽이라고 명령을 내리고, 그리고 그 동물을 죽이고(동물에게 엄청난 고통을 줌), 거기서 나온 고기를 붓다와 그 제자가 모르는 상태에서 대접을 받아, 먹게 하는 것이다. 이러한 이야기는 스님에게 공양 올리기 위해 동물을 죽여서는 안 된다는 점을 강조할 뿐만 아니라, 도축의 비인도적 과정 자체도 강조하고 있다. 이런 방식으로 채식주의에 대한 인도주의 주장을 펼치는 것이다.

비폭력과 자비를 강조하고 또 직업으로 사냥이나 도살을 선택하지 말라고 하는 가르침을 보아서 아마 불교에서는 채식주의를 선호했을 것이다. 하지만 같은 『지바카 숫타』 내에서 붓다는 승려들이 탁발 중에 신도들이 바치는 고기를 받았을 때 '세 가지 측면에서 순수'하다면, 즉 자신들에게 공양을 바치기 위해 짐승이 도축되었다는 것을 보지도 듣지도 알지도 못했다면, 그것을 먹어도 된다고 말하고 있다는 점이다. 붓다가 살던 당시에는 육식이 일반적이었고, 아주 초기의 기록에 따르면 붓다는 채식주의를 하지 않았고 승려들에게 채식주의를 의무화 하려는 시도에 대해 반대한 적도 있다(『지바카 숫타』에 나온 세 가지 제한 사항은 이러한 점에 대한 타협책을 보여주는지도 모른다). 붓다의 마지막 식사는 비록 그 정확한 내용에 있어서는 논란이 있지만 돼지고기 요리였던 것으로 보인다(D.ii.127). 현대의 승려들 중에 어떤 분들은 『지바카 숫타』를 언급하면서 육식을 정당화하기도 한다. 하지만 이 전거에서 나타나는 것은 육식이 강제적인 것은 물론 아니고 다만 허용되고 있었다는 것을 보여주는 정도이다. 반면에 채식이 도덕적으로 더 우월한 식습관이라고 생각하는 현대 재가불자들 사이에서는 채식이 점점 더 보편화되고 있다.

대승불교의 문헌에는 육식을 단호하게 비난하는 구절들이 나온다. 『능가경』(Laṅkāvatāra Sūtra) 제8품에는 대승불교에서 채식을 권장할 때 자주 인용되는 여러 가지 이유들이 여기에 등장한다. 육식은 살아있 는 생명에게 공포를 일으키고, 해탈을 얻는 데 장애가 되며, 악몽 등의 개인적인 고통을 야기한다는 것이다. 또한 윤회의 입장에서도 설명한다. 도살될 동물이 어떤 생에서 당신의 어머니, 아버지, 또는 친척이었을 수 있다고 한다. 또한 다른 모든 죽은 것들과 마찬가지고 죽은 짐승에게는 나쁜 냄새가 난다. 『능가경』은 또 고기를 지나치게 좋아하고 탐한 어느 왕의 예를 들고 있다. 그는 가족, 친구, 그리고 자신의 백성들로부터 외면당하고 결국 왕위에서 쫓겨났다.

채식주의 외에도 동물을 어떻게 대할 것인가를 둘러싼 여타 많은 논란이 있다. 그중 하나는 동물 실험에 관한 것으로 가장 최근에 불거진 논란은 유전자 편집 실험에 개를 사용하는 문제이다. 이 실험을 통해 동물과 인간 모두에서 뒤첸 근 위축증(Duchenne muscular dystrophy)의 진전을 멈추는 유망한 실험 결과를 얻을 수 있었다. 보다 심각한 논란거리는 생체 실험이다. 생체 실험은 동물에 대한 불필요한 잔인함과 그들의 고통에 대한 무감각한 태도를 상징한다. 위에서 언급한 바와 같이 불교는 자비와 비폭력을 옹호하기 때문에 잔인하고 고통스러운 동물 실험은 용납할 수 없을 것이다. 하지만 보이는 것처럼 그렇게 문제가 쉽지는 않다. 특히 다른 종에게 주어지는 고려가 평등한 것이 아니고 상대적인 것이면 문제는 더욱 복잡해진다. 코끼리를 길들여서 인간을 위한 노동력으로 쓰는 경우 코끼리에게 큰 고통이 있지만 불교경전에서는 그러한 관습에 대해 무심하였다. 『두발라카타 자타카』(*Dubbalakattha Jātaka*) 같은 경전에 코끼리의 고통을 인정하는 구절이 나타나지만 그것을 하지 말아야 한다는 말은 나오지 않는다 (J.i.414-16). 이것은 인간의 이익 때문에 동물에게 발생하는 어느 정도의 고통은 용인된다는 것을 말해 준다.

해충 구제의 경우에도 비슷한 갈등이 있다. 인간과 다른 종들 간의 상대적 가치를 고려할 때, 건강한 작물을 기르기 위해 살충제를 사용하는 농부는 부도덕하게 행동하는 것일까? 살충제가 필요치 않으면

물론 더 좋겠지만, 살충제를 사용함으로써 더 많은 사람들을 먹일
수 있는 더 큰 수확을 얻을 수 있다면 살충제를 사용해야 한다는
주장은 일리가 있다. 『율장』은 이 점에 대해서는 다른 여지를 두지
않는다. 비구·비구니들에게 해로운 곤충들이나 독사 같은 것들이
그들이 사는 처소에 들어온다면 죽이지 말고 조심스럽게 밖으로 보내
라고 한다.

불교생태학을 향하여

이상의 논의를 통해서 불교는 기본적으로 '생태친화적'이다라고 분류
하는 것은 쉽지 않음을 알 수 있었다. 자연세계에 대한 불교의 태도는
복합적이며 어떤 경우는 모순적이기도 하다. 한편 경전 내에서의
동식물에 대한 언급을 볼 때 불교는 자연의 세계를 인식하고 있음을
알 수 있다. 그러나 다른 한편으로는 역시 중요한 것은 인간이고
궁극의 가치는 해탈의 추구에 있다는 것은 결국 자연계는 결국 부차적
이거나 도구적인 정도의 가치를 지닌다는 인상을 남긴다. 모든 것을
다 고려해 볼 때 불교의 가르침의 목적은 생태적 균형을 회복하여
이 삼사라의 세계를 다시 찾자는 것이 아니라, 열반을 이루는 것,
아니면 적어도 이 인간세계를 벗어나 보다 안전한 천상에 태어나는
것이다. 이 세계는 본질적으로 결함이 있고 불완전한 것이며, 궁극적으
로는 가치가 없는 것으로 본다는 사실은 불교생태학의 전망에 그림자
를 드리우는 것 같다.

　불교와 '심층생태학'(Deep ecology)이나 '에코페미니즘'(Ecofemini-

sm, 생태여성주의)과 같은 현대의 생태학적 운동을 어떤 식으로 비교할
수 있을까? 양측에 공통점은 있지만 불교의 관점은 이 두 가지 중
어느 것과도 완전히 일치할 것 같지는 않다. 심층생태학에서는 자연과
자신의 '동일시'(self-identification, '생태적 자아'를 발달시키는 과정)를 이
야기하는데, 불교에서는 자연과 자신을 동일시하라고 가르치거나
장려하지 않는다. 불교에서는 연기법의 원칙에 따라 어떤 원인은
어떤 결과를 가져오며 모든 존재하는 것은 이 연기법의 적용을 받는다
는 것을 주장한다. 그러나 그렇다고 심층생태학에서 말하는 식의
만물 간에 총체적 연관성을 주장하는 것은 아니다.

 동아시아 불교에서는 이에 가까운 견해를 보이지만 주류 인도 불교
에서 해석하는 연기의 개념은 그것과는 다르다. 동아시아 불교에서
말하는, 우주 전체가 본질적으로 가치 있고 순수하다는 견해(앞에서
언급한 '인드라 망'의 이미지)는 이산화탄소 가스나 핵폐기물도 강이나
호수와 대등하게 본질적으로 가치 있고 순수하다고 보는 식이 되니
생태학적으로 문제가 될 수 있다. 에코페미니즘과도 차이가 있다.
불교는 남성책임론(androcentricism, 오늘날 환경이 이렇게 고갈된 것은
모든 인간에게 책임이 있다기보다 즉 남성의 행위 때문이라고 하는 생각)을
인정하거나 비판하지도 않을 뿐 아니라, 여성에 대한 부정적인 묘사도
많이 포함하고 있어 여성혐오주의라고 비판되기도 한다.

 아마도 불교 내에 생태학의 정초를 마련할 더 좋은 방법은 불교의
가르침 중에서 절대적으로 중심 요소가 되는 덕목들이 가지고 있는
생태학적 측면을 강조하는 길일 것이다. 자비, 비폭력, 그리고 지혜와
같은 덕목들은 그 자체로 생태학적 관심(ecological concern)을 촉진시킨

다. 붓다가 그런 덕목들을 원래 생태적 이유로 가르친 것은 아니지만 그의 가르침이 촉진하는 세계관과 삶의 방식은 생태 운동이 목적하는 바와 많은 공통점이 있다. 만일 그렇다면, 불교의 가르침에는 생태학적 관심이 그 내면에 깔려 있으며 그러한 윤리적 가르침을 따름으로써 우리는 동시에 환경과 조화를 이루며 살아갈 수 있다고 주장할 수 있을 것이다.

그러나 그런 접근법은 불교생태학의 시작점을 제공해 주는 것일 뿐이다. 그 자체로는 생태학적 재앙을 피하기 위해 필요한 구조적 변화를 이끌어내기에 부족하다(아래의 박스 6 참조). 댐을 건설함으로써 고립된 마을에 전기를 공급할 수 있지만 그렇게 하려면 동식물의 자연 서식지가 파괴되어야 한다고 할 때, 그러한 난제를 풀어 나가기 위한 '결정 절차'(decision procedure)까지 알려 주지는 않는다. 그런 방책까지 제공해 줄 기반이 마련되어야 할 것이다.

〈박스 6〉 기후 변화

기후과학은 현대에 나타난 학문이지만, 불교 신화에도 이미 기후 변화가 재앙의 결과를 가져올 수 있다는 생각이 나온다. 고대의 문헌에는 이미 우주가 방대한 주기를 두고 진화와 쇠퇴를 거듭하고 있으며 화재, 홍수, 허리케인, 지진 등에 의해 주기적으로 파괴된다는 가르침이 나타난다. 또한 그러한 변화는 세상 사람들이 집단적으로 만든 업에 의해서 일어나는 일이라고 하였다.

기후 변화가 인간의 행동에 기인한다는 현대의 생각에 근접해 있다고 하겠다.

2009년 세계 각국의 26명의 불교 지도자들이 모여 '기후 변화에 대한 불교인의 선언'(2015년에 개정판이 나왔다)을 반포하였다. 그 선언에서 그들은 현재의 잘못된 흐름세를 바꾸지 않으면 제1 불살생계를 '가장 크게' 범하는 것이 된다고 하였다. 검약하게 살고 마음챙김을 실천하는 등의 불교의 미덕은 그 자체로 사람의 탄소 발자국을 줄이는 데 기여하지만, 뿐만 아니라 체계적인 수준에 있어서의 변화도 요구된다고 이 선언은 지적하였다. 즉 재생 가능한 에너지원을 광범위하게 사용하고 새로운 교통수단을 채택하는 등 체계적 변화가 요구된다는 것이다. 참여불교도들은 적극적으로 이러한 종류의 변화를 지지한다. 한편으로 사람들은 환경의 질적 저하에 대한 책임을 서구와 그들의 자연 착취적 태도 때문이라 생각하고 아시아의 철학은 환경을 무척 존중하는 것으로 여긴다. 그러나 역설적으로, 중국과 인도와 같은 아시아 국가가 오늘날 세계에서 가장 오염을 많이 일으키는 나라이며, 가장 오염이 심한 도시도 아시아 대륙에 있다는 점도 상기되어야 할 것이다.

제4장 성(sexuality)과 젠더(gender)

섹슈얼리티(sexuality, 性)에 대한 입장에 있어서 언뜻 보기에는 불교와 기독교는 많이 다른 것 같지만 자세히 살펴보면 앞에서 살펴본 생태 문제와 마찬가지로 서로 많은 공통점을 가지고 있다. 기독교는 성性을 '고민거리'로 생각하고 순결과 독신에 대해 지나치게 주의를 기울이는 것 같은데, 반면 불교는 이 주제에 대해 좀 더 느긋하고 덜 과민한 것 같다. 인도와 티베트의 에로틱한 미술, 그리고 시중에 나와 있는 탄트리즘에 대한 수많은 대중서적 때문에 불교는 성 윤리에 있어서 더 '개방적'인 관점을 가진다는 인상을 강화시키기도 한다.

어떤 서양 사람들은 불교가 '자유연애'나 '여러 사람과 동시에 연애하기' 같은 히피적 행동을 인정한다고 기대하면서 불교에 관심을 갖기도 하는데, 물론 그들은 실망할 수밖에 없다. 사람들이 흔히 생각하는 것과 달리 불교는 일반적으로 성적인 문제에 대해 보수적이며 전통적인 불교 사회에서는 성의 문제에 관해 말하기를 꺼리고 수줍은 태도를 취한다. 대부분의 승려들은 특히 여성들 앞에서 성이나 임신 등의 문제에 대해 의논하는 것을 불편하게 생각하며, 이런 태도는 조금씩 변하고 있지만 아직도 일반적으로 금기시되는 주제이다. 『율장』(iii. 130)에는 승려들이 음란하고 에로틱한 주제로 여성과 대화하는 것을 금지하는 규정이 있는데, 성적인 문제에 대해 허심탄회하게 이야기하는 것은 결국은 위험한 일로 발전될 수 있다고 생각했을 것이다. 탄트리즘이 몇 세기에 걸쳐 번창과 소멸을 반복해 왔지만, 그들이 만들어 사용한 에로틱한 예술은 성적인 의식을 위한 것이 아니라 철학적이고 종교적인 가르침을 표현하는 일종의 상징적인 수단이었다. 이런 것이 현란하여 눈에 띄지만 불교 역사 전체에서 보면 단지 아주 작은 하나의 갈래일 뿐이다.

논의의 출발 지점으로 먼저 기독교인들의 성에 대한 태도를 알아보는 것이 도움이 될 것이다. 현대에 들어 그 입장이 많이 변화하고 있고 또 오늘날의 기독교인들은 서로 다른 견해도 보이지만, 전통적인 기독교 사상에서는 성은 기본적으로 생식과 밀접하게 연결된 것이며 또한 생식은 선하고 바람직하다는 입장을 갖는다. 구약성경에서 하나님은 자신의 피조물이 '생육하고 번식하라'고 권하였다(창세기 1:22). 구약성경의 눈으로 보면 자손을 낳는 것은 좋은 일이고 미혼으로 남아 있는 것은 수치스러운 일이다(고대 인도 사회에도 비슷한 태도가 있다). 부모는 자손을 낳음으로써 하나님의 창조를 위한 전체적인 계획에 역할을 다하는 것으로 본다. 궁극적으로는 신이 생명을 만들지만, 부모는 그 결합을 통해 이 신성한 선물의 전달에 하나님과 협력한 사람이다. 결혼이라는 제도는 그러한 일에 사회적, 법적 틀을 제공해 주는 중요한 역할을 맡기 때문에 신성한 지위를 가지며 교회에서 축복을 받는 것이다.

섹슈얼리티에 대한 불교적 성찰은 기독교와는 다른 출발점을 가지는 것으로, 어떤 학자들은 이 입장을 '반反생식주의적'(antinatalist)이라고 부르기도 한다. 불교에서는 더 생산하라고 하지도 않으며, 출산은 신성한 축복의 표시도 아니다. 불교 교리에서는 태어난다는 것은 삼사라의 바퀴 속에서 또 다른 고苦의 세계로 나아가는 문이다. 새로운 생명을 낳는다는 것은 신적 의도 속에서 자신의 역할을 잘해 내고 있다는 확인이 아니라, 열반을 이루지 못했다는 증거도 된다. 불교학자 에이미 랭겐버그(Amy Langenberg)는 이것을 표현하여 섹슈얼리티는 '인간의 윤회에 연료를 제공하면서 삼사라의 바퀴를 돌리는 생물학적 엔진'이라고 하였다.

그러나 위의 이러한 관점을 보충하듯 출생을 낙관적 기회로 보는 보다 긍정적인 시각도 나타난다. 아기가 태어나는 것은 즐거운 일이며, 불교도들도 다른 사람들처럼 생일을 축하한다. 앞의 제3장에서 언급했듯이 인간으로 태어난다는 것은 열반을 얻을 수 있는 가장 좋은 기회를 얻는 것이기 때문에 불교에서는 이를 '소중한 태어남'이라 부르며 축복으로 간주한다. 게다가 윤회 자체도 끝없이 계속 순환하는 헛된 과정으로 볼 필요도 없다. 대신에 나선형으로 상승하는 것으로 볼 수 있는 것이다. 즉 앞으로 윤회 전생할 것이지만 한편으로 이생에서 어떤 기반이 얻어진 것이며, 따라서 열반이라는 목표에 이전보다 더 가까워진 것이다. 결론적으로, 앞으로 살펴보겠지만, 불교의 성에 대한 기본적인 인식은 생식에 있기 때문에 그 점에서 불교는 반생식적이라고 주장하는 것과는 맞지 않는 부분이 있다.

성적 욕망의 위험성

불교는 일반적으로 성性에 대해 매우 조심스러운 태도를 취한다. 불교는 기본적으로 금욕적 전통이기 때문에 식욕과 성욕을 조절하는 것이 영적 발전으로 나가는 데 있어서 필수적으로 지켜야 할 조건이다(기독교에도 이와 유사한 생각이 있다). 사성제의 두 번째는 고苦의 원인을 욕망 또는 갈애(渴愛, tṛṣṇā)라고 규정한다. 성적 욕망은 무척 강력하기 때문에 해탈의 추구를 방해하는 커다란 장애물이 된다. '여성의 모습'만큼 더 남자의 마음을 압도하는 것은 없다고 붓다는 말한 적이 있다(A.iii.68f). 붓다와 그의 시자 아난다(阿難, Ānanda)와의 다음의 대화는 그 점을 보여준다. 승려들은 여성들을 어떻게 대해야 하는지에 대한 조언으로서 자주 인용되는 구절이다.

세존이시여, 우리는 여자들을 어떻게 대해야 할까요?
— 그들을 보지 말아라, 아난다여.
하지만 우리가 그들을 본다면 어떻게 해야 할까요?
— 아난다여, 그들에게 말을 걸지 마라.
하지만 그들이 우리에게 말을 건다면, 저희는 어떻게 행동해야 할까요?
— 그러면 마음챙김(사티, sati)을 수행하거라, 아난다여. (D.ii.141)

이러한 충고는 단순히 여성혐오의 표현이라고 간주할 수도 있지만, 독신자 공동체의 구성원들에게 성적 욕망이 주는 위험성이 얼마나 큰 것인지를 보여준다. 승려들은 마을의 여성들과 매일 접촉하게 되는데, 왜냐하면 아침에 탁발을 나가서 그들에게서 음식물을 받기 때문이다. 붓다는 이런 만남을 통해 성적 끌림이 아주 쉽게 발생할 수 있음을 알고 있었던 것이다. 그는 또한 반대로 여성이 남성에게 느끼는 욕망의 위험성을 경고하면서 여성의 욕망에 대해서도 마찬가지로 지적하고 있다. 여성을 '마라'(Māra)의 덫이라고 부르기도 하지만, 근본적으로 문제가 되는 것은 여성도 남성도 아닌, 바로 성적 욕망이며 그것이 남녀 모두를 삼사라(saṃsāra)에 묶는 것이다.

결혼에 대하여

일반 신자들, 즉 재가자들은 결혼하고 가정을 꾸리는 데 제한이 없지만, 반면 출가 승려보다 열등하며 세속과의 끈을 끊지 못한 사람들이라는 생각이 불교에 있다. 여기서 성 바울이 한 다음과 같은 조언이 생각난다. 비록 순결한 삶이 더 우월하지만, '욕망에 불타는 것보다는 결혼하는 것이 낫다'(고린도 7:9)고 하였다. 예외는 있지만 승려 결혼이 가장 뚜렷이 나타나는 곳이 일본이다. 승려들의 결혼이 보편적이다.

그러나 불교에서 이상적인 삶의 방식은 언제나 가정생활을 버리고 혼자 또는 독신자 집단 속에서 같이 사는 것이었다(어떤 사람들은 서양의 수도원 제도도 불교에서 기원하였고 나중에 서양으로 전파되었다고 주장하기도 한다). 그러한 공동체의 일원으로서 붓다는 완벽한 역할 모델을 보여준다. 그는 29세에 집을 떠났고 그 후 일생 전체 독신으로 지냈다. 그러나 그렇다고 해서 그가 중성적인 사람이 되었다는 말은 아니다. 불교학자 존 파워스(John Powers)는 붓다를 남자답고 매력적인 사람으로 묘사하는 많은 자료를 찾아내었다.

불교에서 결혼은 본질적으로 계약이다. 서로가 상대에게 의무를 다하겠다는 세속적 약속인 것이다. 결혼은 신이 맺어준 것도 아니며 승려들은 결혼식을 집전하지 않는다.〔역주: 남방불교의 경우에만 그러함〕승려들은 또한 『율장』의 계율에 따라 남녀 간에 중매를 하거나 다리를 놓는 역할을 하는 것이 금지된다. 그렇지만 결혼한 신혼부부들은 보통 절로 찾아가서 스님에게 축원을 받는다. 여러 다른 불교도들 사이에 나타나는 다양한 형태의 결혼 의식과 준비는 불교 교리에 의한 것이라기보다 그 지역의 관습에 의해 정해진 것이며 기본적으로 세속의 어른들이 책임을 지는 사항이다.

물론 불교에서는 일부일처제를 권하고 대부분 이것을 따르지만 지역에 따라 여러 가지 다른 결혼 형태들이 나타난다. 초기 자료에는, 감정적 또는 경제적 이유에서 여러 종류의 임시적 또는 영구적 결혼이 맺어지는 것이 나타난다. 아시아 어떤 지역에서는 현재까지도 일부다처제와 일처다부제가 있는 곳도 있다. 초기 문헌인 『비마나바투』(Vi-mānavatthu, '천상의 집 이야기')에서는 성공적 결혼생활을 하려는 부부들이 직면하는 여러 문제점, 특히 아내들의 경우를 자세히 묘사하고 있으며, 그러한 어려움이 오히려 공덕을 쌓는 기회가 될 수 있음을 말하고 있다.

앞에서 본 것처럼 불교의 '공식적인' 결혼 의식은 따로 없지만 어떤 서양 불교도들은 기독교 의식에서 일부 요소를 변형하여 자신들만의 결혼 의식을 발전시켰다. 이것은 동성 결혼의 경우도 포함하는데, 1970년대 초에 샌프란시스코의 사찰에서 첫 번째 동성 결혼식이 행해 졌다. 불교는 기본적으로 결혼을 종교적인 문제로 간주하지 않기에 이혼에 대해서 이의를 제기하지 않는다. 하지만 아시아 사회에는 서구 사회보다 이혼에 대한 부정적 생각이 많기 때문에 이혼이 다소 적다.

불사음계

일반 재가신자에게 주어지는 오계 중에서 세 번째는 불사음계不邪淫戒 이다. 일반인들의 성도덕은 이것에 의해 규제된다(박스 7 참조). 이 계율은 '성적인 일'(*kāmesu*)에 대하여, '부정한 행위'(*micchācāra*)를 하는 것을 금하고 있다. 어떤 행위가 '부정한 행위'인지를 구체적으로 말하지는 않고 있다. 그러나 기독교에서 말하는 '남의 아내를 탐하지 말라'는 계율과 같이 명시적으로 표현하지는 않지만, 어떤 불교 사회에 서든 불사음계를 간통을 금지하는 것으로 보통 해석한다. 혼전 성관계 에 대해서는 거의 언급이 없지만 오직 결혼만이 성적 접촉을 위한 가장 알맞은 형태라는 인상을 준다. 일부 초기 문헌에서는 성적 파트너 로 삼아서는 안 되는 여성을 구체적으로 밝히고 있다. 예를 들어 가까운 친척이나 나이가 차지 않은 어린 소녀 등이다. 그래서 이후 중세 때 나온 불교 문헌에서는 이 내용을 부연해서, 금지되는 장소와 시간, 또는 성적 행위의 방법까지도 밝히고 있다.

〈박스 7〉 고대의 학자들에 의하면 제3 불사음계를 범한다는 것은 다음의 경우를 말하는 것이다.

『아비달마구사론阿毘達磨俱舍論』(4세기경)의 제IV 업품業品, 74 a-b

1. 금지된 사람, 즉 다른 사람의 아내, 자신의 어머니, 딸, 또는 부계 내지 모계 친척과의 성행위
2. 자신의 아내와의 성행위이지만 금지되는 기구를 사용할 때
3. 부적절한 장소: 드러나는 곳, 제단 또는 숲
4. 부적절한 시기: 아내가 임신 중일 때, 수유 중일 때, 기도 중일 때

감포파(sGam Po Pa, 1079~1153)가 쓴 『해탈의 보물장식』

1. '입이나 항문 등'의 부적절한 신체를 사용하는 것
2. 부적절한 장소, 예를 들어 스승이 가시는 곳이나 사찰, 탑(stūpa), 또는 사람들이 많이 모인 곳
3. 부적절한 시간, 예를 들어 여성이 기도나 재를 지내는 중이거나 임신 중, 또는 수유 중이거나 대낮에
4. 너무 자주 하는 행위, 예를 들어 '5회 이상'
5. 부적절한 방식, 예를 들어 강제로 하는 성행위, 또는 남자와 성행위

또 다른 자료에서도 이와 비슷한 지침이 나오고 있다. 예를 들어
5세기에 한문으로 번역된 『우바새계경』(優婆塞戒經, *Upāsakaśīla
-sūtra*)과 티베트의 총카파가 1402년에 저술한 『보리도차제론』
(菩提道次第論, *Lamrim Chenmo*, '깨달음으로 가는 길'이라는 뜻)에도
나타난다.

불사음계 외에도 성적 행위와 관련된 보다 일반적인 가르침이 있다.
예를 들어 아힘사(*ahiṃsā*)의 원칙에 따르면, 다른 사람을 신체적 또는
정서적으로 해치지 말아야 한다. 강간, 소아성애, 성적 괴롭힘, 또는
근친상간 등이 여기에 속한다(박스 8 참조). 나아가 모든 관계는 자애
(*mettā*)와 연민(*karuṇā*)이라는 정신에 의거하여 이루어져야 한다. '황
금율'에 의거하면, 자신에게 일어나고 싶지 않은 일을 다른 사람에게
해서는 안 된다. 이 원칙은 특히 간통에 적용된다. 다른 사람이 자신의
아내와 간통하는 것을 원하지 않듯이, 다른 남자의 아내와 간통을
해서는 안 된다(S.v.354). 나아가 팔정도에 들어 있는 계와 관련한
조항들, 즉 바른 말, 바른 행동, 바른 생활은 각자의 행위에 대해
일정한 규제를 준다. 즉 진실만을 말해야 하고, 서로 간의 관계에서
솔직하고 정직해야 한다는 것 같은 제한을 가함으로써 간통과 외도에
서 흔히 볼 수 있는 거짓말이나 기만 등을 피할 수 있다.

98

〈박스 8〉성적 추문

여러 불교 단체들이 각종 성적 추문으로 인해 혼란을 겪었다. 미국의 최근 사례들만 언급한다면(아시아와 다른 곳에도 많이 일어났다), 2014년 로스앤젤레스의 임제종 선 센터의 죠슈 사사키 스님(Joshu Sasaki Roshi)이 수백 명의 제자들을 성적으로 추행했다는 사실이 드러났다. 2017년 뉴욕의 튭텐 쬐링 사원의 설립자인 티베트 라마, 노를라 린포체(Norlha Rinpoche)가 수십 년 동안 제자들과 성적 관계를 가졌다고 하는 비난도 일어났다. 비슷한 시기에 캘리포니아에 있는 '흐름을 거슬러 깨어나기'(Against the Stream Meditation Society)라는 단체의 설립자인 노아 레빈(Noah Levine)이 성적으로 부적절한 행위를 했다는 혐의로 사임했다. 그는 혐의를 부인했지만 그 단체의 많은 하위 센터들이 문을 닫거나 이름을 바꾸어야 했다.

아마 가장 악명 높은 사례는 릭빠(Rigpa) 사원의 설립자이자, 베스트셀러 『티베트 사자死者의 서書』를 지은 티베트 라마, 소갈 라카르 린포체(Sogyal Lakar Rinpoche)의 경우일 것이다. 2017년 7월 여덟 명의 그의 오랜 제자들이 당시 70세의 라마(2019년 사망)에 의해 수십 년에 걸쳐 성적, 신체적, 심리적으로 학대당했다고 증언하고 나섰다. 이에 대해 '불교 프로젝트 선샤인'(Buddhist Project Sunshine)이라 하는 단체가 그 다음해 2018년에 소갈의 가르침을 따르는 국제 조직인 샴발라에서의 일어난 학대를 고발하는 일련의 보고서를 발표했다. 여기에는 소걀 라마의 아들이자 그의 법을 이은 사콩 미팜 린포체(Sakyong Mipham Rinpoche)에 의한 성폭행 혐의도 포함되었다. 릭빠의 국제 이사회는 2018년 9월에 '과거와 현재 구성원들이 경험한 상처에 대해 깊은 유감을 표하며 사과한다'는 성명서를 발표했다. 본 단체는 소걀과 결별하고 스캔들로 얼룩진 지도부 자리에 있는 사람들은 모두 자리에서 물러나게 할 것이라고도 약속했다. 과거 불교계에는 불교를 가르치는 스승들이 자신의 비정상적인 행동을 '미친 지혜'의 형태로 미화하는 시도들이 있었지만 이제 그러한 변명은 더 이상 합당한 것으로 받아들여지지 않고 있는 것이다.

동성애

동성애 문제를 놓고 여러 종교들이 진보적 또는 전통적 입장으로 나뉘어 서로 열띤 논쟁을 하였다. 불교에서도 이 문제에 대한 충분한 논의가 있었지만, 영국 성공회 내부의 교단이 분열된 것 같은 정도의 그런 갈등은 나타나지 않았다. 붓다 자신은 동성애 행위에 대해서 결코 도덕적 판단을 내리지 않았으며, 초기 문헌에서는 동성애가 도덕적 문제로서 논의되지 않고 있다. 그러나 이후의 불교 문헌에서는 동성 간의 성적 관계에 대해 반대를 표명하는 것이 나온다. 5세기의 학자 붓다고사(Buddhaghosa)는 그의 책에서 퇴폐와 도덕적 타락의 예로서 '남성이 남성에게, 여성이 여성에게' 끌리는 것을 들고 있지만 동성애 그 자체에 대해서 비난하고 있지는 않다.

동성애가 문제가 되는 것은 출가하여 승단에 들어오는 경우이다. 어떤 유형의 사람들에게는 출가가 허용되지 않았는데, 예를 들어 양성성을 가진 사람과 팔리 경전에서 빤다카(*paṇḍaka*)라고 부르는 부류의 사람들이다. 이 사람들이 누구였는지 또는 무엇이었는지는 명확하지는 않지만, 피터 하비(Peter Harvey)는 이 용어가 '성적으로 기능하지 못하는 수동적 동성애자' 남성을 말한다고 결론짓고 있다. 레너드 즈윌링(Leonard Zwilling)은 빤다카가 '사회적으로 낙인찍힌 수동적인 성 도착적 동성애자'였을 것이라고 말하고, 성에 대해 광범한 연구를 수행한 호세 카베존(Jose Cabezón)은 그의 연구에서 이들을 '퀴어'(queer person)라고 번역하고 있다.

이에 대한 다른 해석은, 빤다카를 동성애와 연결시키는 것은 문제의 본질을 흐리는 것이며, 빤다카는 단순히 정액을 생산하거나 배출할 수 없는 생식 능력에 장애가 있는 남성들을 가리킨다는 것이다. 그러나 그들 중 어떤 사람이 음란한 행동을 하는 사건을 일으킨 후에(Vin.i. 85f.) 붓다는 빤다카라는 집단 자체의 출가를 받아들이지 않았다고 한다. 붓다가 이런 결정을 내린 가장 큰 이유는 외부 사람들로부터 불교 교단의 명성을 지키기 위한 것 같다. 사람들에게 주목을 받은 경우가 아니면, 또 더 이상 동성애를 하지 않는 경우라면 교단에 받아들이는 것을 금지하지 않았을 것으로 보인다.

출가하여 승단에 들어간 사람들은 이성애 또는 동성애 어떤 종류의 성행위도 할 수 없으며 이것을 어기면 엄중한 처벌이 따른다. 음행淫行,

즉 성관계는 네 가지 바라이죄(波羅夷罪, *pārājika*) 중에서 첫 번째 죄이며 이 죄를 범하면 승려 자격을 잃고 승단에서 쫓겨난다. 한편, 자위행위나 음란한 행동도 『율장』에 많이 기록되어 있지만 이것은 그 처벌의 정도가 가볍다.

그러나 불교 교단 내의 동성애자 승려들의 존재는 때로 논란의 소재가 되어 왔다. 2003년 7월 태국의 유명한 스님 중의 한 분인 프라 피사른 탐마파티(Phra Pisarn Thammapatee)가 태국의 30만 승려 중 약 천 명의 동성애자가 있다고 주장했는데, 어떤 사람들은 실제로는 이보다 훨씬 더 많은 숫자라고 말하고 있다. 실제 숫자가 어떻든 간에 이 스님은 이들 동성애 승려들은 교단에서 축출되어야 하며 앞으로는 출가를 지원하는 후보자들에 대해 더 심사를 엄격하게 해야 한다고 주장하였다. 그는 '성적으로 정상이 아닌 사람들이 사프란색 승복을 입게 해서는 안 된다'는 견해를 밝히면서 '일부 동성애 승려들이 사찰에서 문제를 일으키고 있다'고 주장하였다. 1980년대 에이즈가 크게 창궐하면서 아시아 국가에서도 반동성애 담론이 보편적이었다.

1990년대에 들어 달라이 라마는 글과 공식 회의 등을 통해 성 윤리와 관련한 여러 말씀을 하셨는데, 이것이 북미의 성 소수자(LGBTQ) 집단의 구성원들에게 우려를 불러일으켰다. 샌프란시스코 지역 대표들이 모여 그분에게 입장을 분명히 밝혀달라고 면담을 요청하기에 이르렀고 1997년 6월 샌프란시스코에서 미팅이 열렸다. 그 미팅에서 토론을 통해 달라이 라마는 게이와 레즈비언의 존엄성과 권리를 인정했지만, 자위행위와 구두 또는 항문 성교는 부적절한 활동이며 따라서 불교

수행자에게는 금지된다고 밝혔다.

달라이 라마는 앞서 인용한 여러 가지의 경전 문헌들의 구절들을 언급하면서 질을 통한 성관계만이 합당하다고 말하였다. 당시 인도에서의 성행위의 목적은 재생산이기 때문에 번식을 가져오지 않는 성행위는 금지되었을 것이라는 설명도 덧붙였다. 그는 또한, '나는 기본적으로 성행위의 목적은 생식이라고 생각한다'(*World Tibet News*, 1997년 8월 12일자)라고 하였다. 불교학자 자넷 갓초(Janet Gyatso)는, 불교는 가임할 수 있는 여성과 남성 간의 성 관계를 '성에 대한 기본원칙'으로 받아들이고 있다는 점을 강조한다. 아마 이것이 비생식적인 성행위를 배제하고자 하는 전통 불교의 규범적 이해인 것 같다. 이러한 입장을 정당화하려는 어떤 뚜렷한 시도도 보이지 않는 것은 아마도, 그러한 행위는 불법佛法, 다르마를 거스르는 것으로 간주되었기 때문이거나, 아니면 그러한 행위를 반대하는 것이 당시 주위 문화의 일반적 분위기였기 때문에 그것에 대한 반대를 정당화할 필요조차도 없었을 것 같다.

어떤 불교인들은 만약 앞에서 말한 종류에 대한 금지가 단지 역사적 조건 때문이었고 그 지역의 관습의 산물일 뿐이라면 현대의 불교인들은 충분히 그것을 무시할 수 있지 않는가, 하고 묻는다. 이에 달라이 라마는 불교의 계율은 그것이 제정된 시대, 당시의 문화, 당시의 사회를 고려함을 지적하였다. "만일 동성애가 받아들여지는 규범이라면 그것을 받아들이는 것은 가능하다"고 한다. 하지만 "어떤 한 사람 또는 한 스님이 계율을 재정의할 수는 없다. 나는 계율을 재정립할 권한이 없다. 왜냐면 누구도 일방적인 결정을 내리거나 법령을 선언할 수는 없기 때문이다"라고 하였다. 2014년에 발표된 담화에서 달라이 라마는 동성애 결혼은 '괜찮다'(OK)고 하였고 본질적으로 세속적인 문제라고 말하였다. 그는 동성애 행위에 대한 금지는 불교의 계율을 받은 사람에게만 적용되며 다른 종교를 가진 사람이나 종교가 없는 사람에게는 적용되지 않는다고 하였다. 그러나 그는 부가하여 말하기를, 그 같은 욕망을 억압함으로써 일어나는 좌절감 때문에, 예를 들어 공격성이나 폭력과 같은 부정적인 결과가 생긴다면, 그러면 차라리 금지된 성행위를 하는 것이 낫다고 덧붙였다. 한편 어떤 티베트의 불교 지도자들은 게이, 레즈비언 관계에 대해 보다 더 긍정적으로 말하기도 한다.

역사적으로 볼 때, 비표준적 성별(박스 9 참조) 또는 성적 행위에 대한 불교적 접근법은 '관용하지만 용납하지 않음'으로 설명할 수 있겠다. 비표준적 성 정체성을 가진 사람들에게 공공연하게 적대적이지는 않지만, 출가 승단의 전통은 이성애적 표준적 규칙에 기본을 둔다. 리타 그로스(Rita Gross, 1993)와 같은 불교 페미니스트들은 이것을 남성중심적이고 가부장적이라고 규정한다. 확실히 성 윤리에 관한 자료에는 여성에 대한 논의는 거의 없다. 불교 문화권에서 동성 간의 관계를 공공연하게 미화하는 경우도 있다. 예를 들어 1687년에 출판된 『난쇼쿠 오카가미』('남성의 사랑의 큰 거울')는 일본 불교에서의 동성애 이야기 모음집이다. 그러나 역사적으로 볼 때, 불교는 오늘날 LGBTQ 라고 부르는 이 주제에 대해서는 거의 관심이 없었고, '마을(세속)에서 하는' 성행위를 끊고 독신을 하도록 권하는 데 더 관심을 두었다.

〈박스 9〉 성전환(Transgenderism)

최근의 추정된 수치에 따르면 인구의 최대 2%가 성별이 모호한 상태로 태어난다고 한다(그 특징을 어떻게 규정하느냐에 따라 추정치를 더 낮게 잡기도 한다). 불교 문헌에도, 젠더는 한 생에서 다른 생에 따라 바뀔 수 있으며, 남성 또는 여성 또는 양성을 가진 사람으로 태어나는지는 전생의 업의 결과라는 입장을 취한다. 초기 문헌에는 성별이 바뀌는 이야기도 나온다. 예를 들어 업의 원인 때문에 남자가 여자가 되거나 그 반대의 경우도 있다 (Vin.iii.35). 어떤 불교인들은 동성애는 과거의 성별이 현재의 생애에 다시 나타나는 것이라고도 설명한다. 그러나 그러한 성이 바뀐다고 해서 그것이 정신적 발달 또는 불교의 주요 관심사인 깨달음을 얻는 데 장애가 된다고 보지는 않는다.

제1장(그림 2 참조)에서 언급한 관세음보살(Avalokiteśvara)은 인도·티베트 불교에서는 타라(Tārā) 여신으로서 여성적인 면모를 띠며, 동아시아에서는 성별을 완전히 바꾸어 '관세음보살'이 된다. 따라서 성적 지향과 젠더는 다소 유동적인 것으로 간주되며, 그 자체로 도덕적으로 문제가 되지는 않는다. 그러나 성적 정체성이 불확실한 사람은 여성과 남성 모두에게 욕망을 가지게 되기 때문에 종교적으로 진보해 나가는 것이 어렵다고 본다.

버마에는 망게돈(Manguedon) 여신에게 씌어 독특한 여성적 몸
가짐과 태도를 취하는 아콜트(acault)라는 남성 성전환자들이
있다. 태국에는 '제3의 성'(kathoey)으로 흔히 '레이디 보이'라고
부르는 사람들이 있다. 트랜스젠더들의 '미스 티파니 유니버스'
미인 대회의 2009년 우승자인 소라위 '재즈' 나티(Sorrawee 'Jazz'
Nattee)는 후에 태국 남부에서 승려가 되었다. 재즈는 성인이
된 후 대부분의 삶을 여성으로 살았고 유방 이식을 받았지만
성전환 수술을 받은 적은 없었다. 유방 이식물을 몸에서 제거하는
조건으로 출가할 수 있었는데, 출가를 받아주는 승단의 입장에서
본다면 원래의 남성의 상태로 돌아간 것이다.

불교와 기독교에서의 성과 재생산의 관점을 대비하는 것으로 이
장을 시작했지만, 예상치 못한 부분에서 일치하는 영역을 발견한
것 같다. 많은 학자들이 주장하듯이 불교가 반反생식주의적이라면,
재생산을 목적으로 하는 성만을 합법적인 것으로 인정한다는 것은
이상하다. 성서에 나오는 번식에 대한 강조를 생각해 본다면 기독교인
들이 왜 이 문제를 이런 식으로 보는지 이해는 되지만, 앞에서 언급했듯
이 불교는 다른 전제에서 출발하는데 말이다. 성 윤리에 대한 불교의
입장은 불명확한 점이 많으며 보다 정교하게 설명되거나 숙고해야
할 점들이 많다. 독신주의는 별로 인기가 없고 각종 성적 지향과
표현법을 가진 다양한 자아정체성의 공동체들이 점점 증가하는 이곳
서양 땅에 불교가 들어와, 쾌락주의적 서구와 조우하고 있다. 이 문제는

앞으로도 계속 더 탐구하고 대화를 이어 나가야 할 중요한 영역이
될 것이다.

제5장 전쟁, 폭력, 테러리즘

20세기는 역사상 가장 피비린내 나는 시대임이 드러났다. 이전에 보지 못한 대규모의 전쟁들이 일어나, 전 세계적으로 1억 명 이상이 목숨을 잃는 대규모 파괴를 초래하였다. 슬프게도 현재의 21세기도 호전적인 양상으로 시작되었다. 이라크와 아프가니스탄에 전쟁이 일어났고, 시리아와 예멘에는 쓰라린 내전이 있었다. 테러리스트들의 공격과 무작위 총격은 이제 거의 일상적인 사건이다. 2001년 9월 11일 뉴욕에서 일어난 9·11 테러는, 죽음을 두려워하지 않고 행동하는 고도의 훈련과 조직력을 지진 이들 테러리스트들이 얼마나 큰 피해를 가져올 수 있는지를 만천하에 보여주었다. 그 외 2015년 11월 13일 파리의 바타클랑 공연장에서 130명이 사망하는 등, 유럽에서도 또한 무수한 테러 사건이 일어났으며, 세계 다른 곳곳에서 비슷한 사건들이 일어났다.

이러한 일련의 폭력적 사건에 대해 어떻게 대응하는 것이 최선일지, 여러 사람들의 의견이 나뉜다. 9·11 미국 월드트레이드 센터 공격 후 부시 대통령은 '테러와의 전쟁'을 선포하였다. 한편 이에 대해 어떤 사람들은 군사적 대응은 잘못된 일이라고 하며, 평화주의 단체들은 항의 시위를 열었다. 많은 불교 단체도 여기에 참여하였다. 그러면 불교는 근본적으로 무력 사용을 반대하는가? 상황의 본질이 무엇인가에 따라 그 대답도 달라질 것인가? 불교에도 '정의로운 전쟁'이라는 개념이 있는가? 그리고 테러리스트들의 폭력 앞에서 적절한 대응법은 무엇일까?

전쟁에 관한 고대 불교 자료

불교는 폭력의 사용을 강력히 반대한다. 폭력은 탐욕(*rāga*), 증오(*dveṣa*), 무지(*moha*)의 산물이라고 해석한다. 자아(*ātman*)에 대한 잘못된 믿음으로, 자기를 위협하는 '타인'과 맞서 자신을 보호하고자 하는 욕망이 공격성의 근본적인 원인이 된다는 것이다. 우리는 자아와 타자 사이에 날카로운 경계를 그어서 자기 이미지(self-image)를 형성하고 그것 때문에 '나와 내 것'이 아닌 모든 것, 예를 들어 다른 국가나 인종, 또는 다른 신념을 이질적이고 위협적이라고 본다는 의미이다. 불교를 실천함으로써 강한 자아의식이 줄어들며, 자기중심적 선입견이 누그러지고 그 자리에 이 세상의 다른 존재들과의 동류의식이 들어오게 된다. 그럼으로써 갈등을 유발하는 두려움과 적대감이 소멸되고 폭력적 싸움의 주원인도 제거된다는 것이다. 위협을 받는 상황이

올 때 불교인들은 인내(kṣānti)를 실천하라고 한다. 인내에 관해 좋은 예를 보여주는 이야기들도 많고 인내와 관용을 함양하게 하는 수행법도 있다. 반면 분노는 부정적인 감정이며 상황을 부채질하는 역할만 하기 때문에 결국은 부정적인 업의 결과에 얽히게 된다고 한다.

초기불교 문헌에는 전쟁에 대한 많은 언급이 나온다. 공통적으로 표현되는 것은, 전쟁은 살인을 수반하며 살인은 불살생계를 위반하는 것이므로, 공격이건 방어이건 전쟁에서 싸우는 것은 도덕적으로 잘못된 것이다. 코란의 가르침과 현저한 대조를 이루는데, 붓다는 전투에서 전사하는 자들은 극락이 아니라 지옥으로 간다고 하였다. 왜냐하면 죽음의 순간에 그들의 마음에는 생명체를 죽이려는 의도가 있기 때문이다(Sn.iv.308-11). 4세기의 학자 세친(世親, Vasbandhu)은 그의 『아비달마구사론』에서 징병되어서 할 수 없이 전쟁에 나갔다 하더라도 살인은 죄악이라는 견해를 피력하고 있다. 자신의 목숨이 위태롭다 해도 남을 죽이지 않겠다고 굳게 결심을 해야 한다는 것이다. 『구사론』에서는 자기 자신이나 친구를 방어하려고 그렇게 했다 하더라도 사람을 죽이는 것은 나쁜 업이라고 단언하고 있다.

『법구경』의 해설서에 들어 있는 유명한 이야기 – 붓다는 자신이 태어난 부족인 샤키야(Śākya) 족이 비두다바(Viḍūḍabha) 왕의 공격을 받게 되었을 때 약간의 만류만을 했을 뿐 결국은 모두 학살되도록 내버려 두었다고 한다. 또한 『자타카』에는 폭력에 충격을 받아 왕국을 포기하고 수도자가 되기를 선택하거나, 또는 다른 사람의 공격에 처했을 때 스스로를 방어하기를 거부하는 왕과 왕자들에 대한 이야기가 들어 있다. 기원전 3세기의 아쇼카 왕의 경우가 불교 통치자의 본보기로 종종 제시된다. 통치 13년째 되는 해, 피비린내 나는 전쟁을 끝낸 후 그는 폭력을 포기하고 앞으로는 다르마(Dharma), 즉 진리와 불교의 가르침에 따라 통치하겠다고 맹세하였다. 그의 왕국 전역에 공포된 칙령은 관용과 연민을 언급하며 또한 무력이나 강요에 의한 정복보다 다르마에 의한 정복이 더 좋은 것임을 선언하고 있다. 아쇼카 왕은 전통적으로 내려오는 정의로운 불교 군주상인 전륜성왕(轉輪聖 王, 챠크라바르틴Cakravartin)의 이상적 모습을 따르고자 하였다. 그런데 전륜성왕은 다르마의 힘을 통해 평화적으로 정복하는 왕으로 나타나지 만 그러나 군대를 유지하였으며 이웃 왕국에 여행할 때도 군대를 데리고 가는 것으로 묘사되고 있다. 아쇼카 왕도 마찬가지로 군대를 해산하지 않았으며 무력의 사용을 폐지하지는 않았다.

이러한 불규칙성에 대해 불교학자 스티븐 콜린스(Steven Collins)는 폭력과 관련하여 경전에는 '두 가지 모드'가 나타난다고 한다. 첫 번째 는 '폭력에 대한 평가가 맥락을 가지고 있어서 해석의 여지가 있는 경우'이고, 두 번째는 '맥락과 관계없이 절대로 굽힐 수 없는 경우'이다. 우리가 앞에서 본 절대적 평화주의적 입장은 두 번째 모드를 반영하는 것이고, 왕들의 무력 사용을 붓다가 어떤 경우 암묵적으로 허용 내지 적어도 공개적으로 비난하지 않는 경우 등은 첫 번째 경우에 해당한다. 붓다가 열반하기 약 1년 전, 당시 전쟁 중이던 왕 아자타사투(Ajāta- sattu)가 자신의 수석 대신을 보내서 이웃 밧지족을 침략하겠다는 계획 을 알리고 붓다에게 조언을 구한 적이 있었다(D.ii.72ff.). 붓다는 그때 그 계획된 공격을 정면으로 비난하는 대신에―당시 승단이 왕실로부터 큰 후원을 받고 있었음을 고려할 때 그렇게 비난하는 것은 정치적으로 어려운 일이었을 것이다— 밧지족 사회가 가진 일곱 가지 긍정적인 점을 말함으로써 간접적으로 그 상황을 해결하였다.

전쟁과 불교

고전 자료들에서 이러한 평화주의적 이상(박스 10 참조)이 나타나지만, 아시아의 불교도들이 정치적 동기와 종교적 동기가 뒤섞인 전쟁이나

〈박스 10〉『법구경』에서

"그는 나를 욕하고 나를 때렸다. 나를 이기고 내 것을 빼앗았다." 이런 생각 속에 싸여 있지 않은 사람에게는 미움이 가라앉는다. (v.3)

모든 생명은 폭력을 두려워한다. 모두에게 목숨은 소중한 것이다. 스스로에게 이 이치를 비추어, 다른 사람을 죽이거나 죽게 해서는 안 된다. (v.129)

움직이는 것이건 가만히 있는 것이건, 살아있는 것에 폭력을 쓰지 않고
죽이거나 죽게 하지 않는 사람 그를 나는 수행자라고 부른다. (v.405)

공격을 일으키는 것을 막지는 못했다. 마이클 제리슨(Michael Jerryson)은 이것에 대해, "한국, 티베트, 중국, 일본, 태국 등에서 사찰은 군사의 전초기지 역할을 하였으며, 승려들이 반란을 이끈 경우도 있고, 국가의 수장을 위한 전쟁 참전을 위해 불교 이념이 합리화되어 사용되기도 하였다"라고 지적하고 있다. 남아시아부터 시작하여, 그러한 예를 몇 가지 살펴보겠다.

스리랑카의 초기 역사는 싱할라족과 타밀족 간의 전쟁으로 얼룩져 있다. 두타가마니(Duṭṭhāgamaṇi) 왕(기원전 1세기)은 남인도에서 이 섬을 침공해 온 타밀족 장군 엘라라(Eḷāra)를 무찔러서 국가적 영웅이 되었다. 두타가마니 왕의 승리는 『마하밤사』(Mahāvaṃsa, 서기 5~6세기에 작성)라는 스리랑카의 연대기에 크게 다루어지고 있는데, 여기에 보면 승려들이 그의 군대에 동행했으며 불교의 성스러운 물건들로 군인들의 창을 장식했다고 한다. 승려들은 승복을 벗고 환속하여 전쟁에서 싸우기 위해 군대에 합류했으며, 『마하밤사』는 이것을 '성스러운 전쟁'으로 그리고 있다. 물론 불교의 정통 가르침에 따르면 그 개념은 정당화될 수 없다. 승가가 이렇게 지원을 보였음에도 불구하고 이 왕은 전쟁을 승리로 끝낸 후(마치 이전 시대의 아쇼카 왕과 마찬가지로) 이렇게 많은 생명을 잃은 것에 대해 죄책감을 가지게 되었다. 『마하밤사』에 따르면 깨달음을 얻은 승려(arhat)들이 그를 위로하여 '한 사람 반'만 죽인 것이라고 했다고 한다. 이 수수께끼 같은 말이 의미하는 바는, 불교도와 달리 타밀족은 '잘못된 견해를 가진 사악한 사람들'이기 때문에 아마 반쪽짜리 사람으로 계산한다는 뜻인 것 같다.

현대에 들어 고 월폴라 라훌라(Walpola Rahula)와 같은 주요 싱할라 승려들은 '종교-국가주의'를 승인하는 연설을 하였다. 그는 두타가마니 왕의 전쟁을 '성전'(聖戰, crusade)이라고 불렀다. 현재 싱할라 민족주의를 지지하는 사람들 중에는 승려도 있는데 이들은 스리랑카 내에서 비불교 소수민족들을 축출해야 이 지역에 평화가 지속될 것이라고 믿고 있다. 이 승려들은, '국가, 민족, 종교'(Raṭa, Jātiya, Āgama)라는 슬로건으로 대표되는, '자티카 친타나야'(Jathika Chintanaya, 민족주의 사상)라는 이념에 동조하는 사람들이다. '보두 발라 세나'(Bodu Bala Sena)와 같은 민족주의적 정서를 표방하는 불교 단체들도 있다. 스리랑카 내전 중에 인권 유린 사례가 널리 발생하여, 2009년에 전투는 중단되었지만, 이슬람교도와 기독교 소수민족에 대한 공격을 포함하여, 폭력, 괴롭힘, 협박, 고문, 착취, 폭력 등의 사례가 계속되었다.

20세기 들어 공산당과 모택동주의 운동이 나타나 베트남과 캄보디아에서 정치적 힘을 행사하면서, 불교도들도 동남아시아의 격동의 역사에 휘말릴 수밖에 없었다. 크메르 루주는 캄보디아 내 3,600개 불교 사원의 대부분을 파괴했고, 승려 수도 오만 명에서 삼천 명으로 줄었다. 태국에서는 공산주의자들의 도발을 두려워하던 일부 승려들이 무장을 하였다. 1970년대에 키티붓도(Kittivuḍḍho)라는 승려는, 태국의 국가, 불교와 그리고 왕실을 지키기 위해 공산주의자들을 죽이는 것은 종교적인 의무이며 일반적인 도덕 원칙도 유보될 수 있다고 하는 취지의 성명을 수차례 발표하였다. 그는 공산주의를 불교경전에 나오는 악마인 마라(Māra)에 비유하면서 공산주의자들을 죽이는 것은 공덕을 불러오는 행위라고 말했다. 그는 군인들을 위한 법문에서 4,200만 명의 태국인들의 행복을 보장하기 위해 5,000명의 공산주의자를 죽이는 것은 정당하다고 하면서 공리주의적인 입장으로 자신을 정당화했다. 역사학자 유진 포드(Eugene Ford)는 미국 중앙정보부가 태국 불교계로 하여금 공산주의를 반대하도록 조장한 역할에 대해, 그의 책에서 자세히 그리고 있다.

동북아시아와 동아시아로 눈을 돌려보면, 반란 또는 군사 행동에 승려들이 참여하는 것을 볼 수 있다. 일본의 경우가 가장 두드러지는데, 사찰이 큰 토지를 소유하여 부유하게 되면 무사 승려(sōhei, 僧兵)들을 고용하여 자신의 땅을 보호하고 반대자들을 위협하는 경우들이 있다. 중세시대 봉건 군주들 사이에서 갈등이 벌어지면 서로 다른 파벌끼리, 또는 쇼군(shogun, 將軍)이나 조정에 대항하는 전쟁이 일어나곤 하였다. 이들 무사(武士, bushi) 계급은 선禪의 가르침과 수행을 전장에서 정신을 훈련하고 죽음에 대한 공포를 이기는 방법으로 수련하였다.

검술과 활쏘기와 같은 무술도 선불교의 가르침에 영향을 받았다. 공空의 개념은 죽임과 목숨을 잃는 것에 대하여 평정심을 유지할 수 있도록 한다. 타쿠안 소호(澤庵 宗彭, 1573~1645)와 같은 승려는 이렇게 분석하고 있다. 결국 있는 것은 공성, 즉 비어 있음, 그것뿐이다. 인생은 마치 꿈과 같고 목을 치는 사람이나 칼을 맞는 자는 단지 환영과 같을 뿐이다. 또한 대승불교에서 가르치는 '방편' 개념은 생명을 빼앗거나 다른 금지된 행위들을 정당화하는 데도 사용되었다. 즉 자비심에 의해 보살은 더 큰 좋은 목적을 보호하기 위해 계율을 어길 수밖에 없다는 것이다.

근대기의 일본의 불교 종교 단체들은 일본 내의 민족주의 및 군국주의와 밀접한 관련을 맺었다. 선종과 정토종은 1937~1945년의 중국과의 전쟁에 재정적 지원을 제공하였다. 제2차 세계대전 중 대부분의 일본의 불교 종파는 연합군을 침공하는 전쟁을 지지하였다. 브라이언 빅토리아(Brian Victoria)는 *Zen at War*〔『전쟁과 선禪』이라는 제목으로 번역본이 출간되어 있음〕 등의 저술에서, 많은 유명 선사들이 전쟁을 열정적으로 지지함으로써 당시 그들을 추종하던 서양인 제자들에게 큰 놀라움과 당혹감을 주었다는 점을 적고 있다. 뛰어난 선사였던 하라다 다이운(原田大雲, 1871~1961)은 '전쟁의 한복판에 뛰어들지 않고서는 불교의 가르침을 아는 것은 불가능하다'라고 썼다. 삼보교단 三寶敎團을 세운 사람으로 서양에 잘 알려진 야스타니 하쿠운(安谷白雲, 1885~1973)은 전쟁 중의 살인의 윤리에 대해 다음과 같이 그의 생각을 밝히고 있다.

적을 만나면 물론 죽여야 하고 많이 죽여야 한다. 열심히 싸워서 적군을 모두 죽여야 한다. 그 이유는 자비와 효를 완벽히 실천하기 위해서는 선을 돕고 악을 처단해야 하기 때문이다. 다만, 죽이지만 죽이지 않는 그 이치를 염두에 두면서, 죽일 때는 눈물을 삼켜라.

'죽이면서 죽이지는 않는다'는 이러한 발언들은 선불교의 지도자들이 전쟁을 정당화하기 위해 사용한 전형적 궤변이다. 빅토리아는 그의 두 번째 책인 *Zen War Stories*〔선의 전쟁 이야기; 『불교 파시즘』이라는 제목으로 번역본이 출간되었음〕에서 일본의 불교 군국주의에 대해 더 많은 예들을 들면서 다음과 같이 말하고 있다.

특히 일본 군대의 자살 정신은 종교적 믿음의 힘과 함께 민간인들에게까지 그 범위를 확장시켰고, 이러한 점은 전쟁 중의 일본의 선불교 지도자들이 *철저히 그리고 완전히 도덕적으로 파산했음을 보여준다.*(이텔릭[기울임]체는 원본에 따른 것이다.)

선과 악을 포함해서, 모든 이원주의를 초월하겠다는 믿음을 가지게 되면 이러한 종류의 호전적인 성향은 불가피한 것인지도 모르겠다. 윈스턴 킹(Winston King)은 그의 책 *Zen and the Way of the Sword*(선禪과 검劍의 길)에서 이렇게 말한다. "선에는 내재적 윤리성이나 내면의 감시자가 없다. 그러나 … 역사적으로 내적 에너지가 어디로 향하든 그것을 극대화하는 심리적 기술이 된 것 같다." 2001년 일본의 주요 선종 종파의 지도자들이 나서서, 선이 일본의 군국주의에 가담한 것에 대해 공개적으로 사과를 했다. 그러나 특정 스승의 이름을 밝히거나 또는 폭력을 정당화했던 그들의 가르침을 부정하지 않았다.

물론 위에서 말한 군국주의가 모든 불교 교단에 다 해당하는 것은 아니다. 1917년에 일본에 설립된 일련정종日蓮正宗 계통의 니혼잔 묘호지(日本山 妙法寺) 파에서는 평화주의를 강력히 지지하고 있으며 핵무기를 반대한다. 니혼잔 묘호지 종파의 승려들이 평화 행진에서 구호를 외치고 북을 치는 모습을 자주 볼 수 있다. 니혼잔 묘호지는 전 세계에 80개 이상의 '평화의 탑'을 세웠다. 이 종파의 탑들과 이 탑에 부장물로 넣은 성스러운 유물들이 이 복잡한 세상을 가라앉히는 힘을 발휘해 주기를 바라는 것이다. 캄보디아의 승려 마하 고사난다(Mahā Ghosānanda)는 이 종파의 이상에 영향을 받아서 유엔에 자문도

하고 세계적인 평화 대사가 되었다. 소카 가카이(Sōka Gakkai, SGI, 創價學會)의 회장인 이케다 다이세쓰(池田大作) 또한 수년간 활발하게 평화 운동가로 활동하였다. SGI는 '모든 형태의 폭력에 반대하여 평화를 위해 일하고, 인도주의적인 문화와 교육을 추구하여 인류의 복지에 기여하는' 것을 목적으로 한다. 이러한 노선에서 활동하고 있는 또 다른 일본 단체로 릿쇼 고세이 카이(立正佼成會)가 있는데, 1978년에 니와노 평화재단(庭野平和財團)을 '세계 평화의 실현에 기여하기 위해' 설립하였다.

1959년 중국의 침공 이후 티베트에서 600만 명의 티베트인이 사망하고 100만 명이 고국을 떠나 피난민이 된 것으로 추정된다. 조직적이고 잔혹한 불교 탄압 프로그램에도 불구하고 티베트 불교도들의 실질적인 지도자인 달라이 라마는 비폭력 저항 정책을 따르고 있으며 이에 대한 공로를 인정받아 1989년 노벨 평화상을 수상하였다.

정의로운 전쟁

불교가 오로지 평화를 사랑하는 종교라는 이미지는 완전한 것은 아니다. 앞에서 제시된 사실들은 불교의 관점에서 본 전쟁과 평화에 대해 문제점을 보여주고 있다. 만약 불교 초기 문헌이 말하는 것처럼 어떤 무력 사용도 할 수 없다면, 무고한 시민들을 위협하는 강력범죄자나 테러리스트들을 어떻게 제지할 수 있을까? 어떤 불교 국가도 법에 의한 통치를 포기하거나, 또는 그것을 강제할 수단, 즉 군이나 경찰력 등을 갖지 않은 나라는 없다. 만일 불교에서 이상적으로 보는 안정된 사회를 이룩하려면, 불교의 도덕적 원칙에는 무력 사용이 어느 정도는 허용되어야 할 것으로 보인다. 그런데 내적인 안보 위협에 무력 사용이 도덕적으로 정당화될 수 있다면, 외부적인 위협에 대해서도 또한 정당화될 수 있지 않을까?

이러한 질문들을 숙고한 최초의 서양사상가들 중 한 사람이 성 아우구스티누스(354~430 CE)였다. 그의 사상은 중세기에 성 토마스 아퀴나스(1224~74)에 의해 발전되고 다듬어졌다. 기독교 사상가들이 '정의로운 전쟁'이라는 교리를 발전시킨 이유는, 기독교 공동체와 국가들을 공격에서 보호해야 할 필요성과 살인하지 말라 또는 '한쪽 뺨을 때리면 다른 뺨도 돌려 대라'(마태복음 5:38-41)는 것 같은 기독교의 가르침, 그 둘 사이에 갈등이 있기 때문이다. 현대에 들어 정의로운 전쟁 개념에 대한 관심이 높아졌다. 도덕가, 정치인, 군사 전략가들이 핵무기와 관련하여 발생하는 딜레마들, 코소보와 같은 상황에 대한 인도주의적 개입의 필요성, '테러와의 전쟁'의 일부로서 무인기를 써서 공격하는 것 등, 여러 가지 문제를 고민하면서부터이다.

정의로운 전쟁 개념에는 두 가지 갈래가 있다. 첫 번째는 전쟁에 참여하기 전에 충족되어야 하는 조건들에 관한 것으로, '*jus ad bellum*(전쟁에 들어가는 데 정당성)'이라는 라틴어 구절로 요약된다. 두 번째는 '*jus in bello*(전쟁을 치르는 데 정당성)'라 하는 것으로, 일단 군사 행동이 시작된 후 그 전쟁이 합법적인가 비합법적인가를 따지는 것이다. 이론가들의 일치된 견해는, 전쟁이 선포되기 위해서는 국가와 같은 합법적인 권위를 가진 주체가 있어야 하고, 전쟁은 최후의 수단으로만 가능하다는 등의 특정 조건들이 충족되어야 한다. 실제 전쟁 상황에서는 두 가지 큰 원칙이 지켜져야 한다. 폭력은 피해 상황에 비례하는 비율로 사용되어야 하며, 전투원과 비전투원에 대해 사용되는 무기가 달라야 한다.

전통적인 불교학자들도 이와 비슷한 종류의 견해를 표현한 적이 있다. 그러나 아힘사의 평화주의적 이상이 사회 정치적 삶의 현실에 어떻게 수용될 수 있을지를 체계적으로 표현한 것은 없다. 앞서 언급한 것처럼 불교는 초기부터 정치적으로 힘을 가진 사람들과 밀접한 관계를 맺어 왔다(어떤 사람들은 그 관계가 너무 가까웠다고 하기도 한다). 현실적 문제와 종교적 문제에 있어서의 동반자 관계 속에서, 승려들은 전륜성왕이라는 고전적인 이상적 군주 개념을 모델로 하여 통치자들이 따라야 할 지침에 대해 조언을 제공하였다. 그러한 조언의 좋은 예로, 티베트의 위대한 학자 미팜(Mipham, 1846~1912)이 1895년에 쓴 『왕을 위한 윤리서: 통치자를 위한 보물』이 있다(그림 5 참조). 이 책을 영어로 번역한 번역가에 따르면, 이 작품은 불교 고전어로 쓰인 책 중에서 불교 왕권의 이론과 실천에 관한 가장 긴 글이라고 한다. 이 작품은 티베트에서 세속적 종교적인 권위가 달라이 라마에게로 통합된 지약 2세기가 지난 후에 쓰였는데, 이러한 종류의 글이 필요했을 상황을 설명해 주고 있다.

미팜의 견해에 따르면, 법의 감독자로서 왕은 악인들을 처벌해서 범죄와 부적절한 행동을 근절하는 것을 주저해서는 안 된다. 이러한 처벌을 가하지 않으면 악이 증가하고 왕국의 파괴를 가져올 것이라고 미팜은 말한다. 처벌은 정당하고, 적합하고, 원칙적이며, 온건하고, 인자해야 한다는 다섯 가지 원칙에 의해 이루어져야 한다. 처벌의 정도는 범죄의 정도에 비례해야 하며 공정한 재판이 있은 후에 부과되어야 한다. 범죄자에 대한 처벌의 형태는 '사슬에 묶거나, 감옥에 가두거나, 구타, 위협, 괴롭힘, 추방, 재산 몰수'하는 등의 형태를 포함할 수 있지만, 사형, 사지절단 등의 잔인하고 과도한 처벌은 해서는 안 된다. 사법적 오류가 발생했을 때 '다시 되돌리거나 고칠 수 없기

〈그림 5. 미팜(Mipham)〉

때문이다.' 결국 요약하면, '자비로운 왕이라 하더라도, 범죄자들에게는 시의 적절하고 정당한 처벌을 부과해야 한다'라고 그는 말한다.

미팜은 또한 세 가지 유형의 전략을 포함하는 특별한 전쟁 규칙을 제시하고 있다. 정의로운 왕은, 우선 동맹을 찾거나 외교적 전략(즉 설득하거나 위협하거나)을 사용함으로써 전쟁을 피하려고 노력한다. 두 번째는 인명 손실은 최소로 하면서 전쟁에 이길 방법을 강구한다. 세 번째로는 그래도 분쟁이 불가피해지면 알맞은 군사적 전술을 사용하여 군대를 진주해 나간다. 만약 그 전투에서 상대에게 상처를 입히거나 죽이게 된다면 그것은 '단지 작은 도덕적 결함'이 될 뿐이므로 업의 과보를 받지 않는다. 왜냐하면, "그의 행동의 뒤에는 자비의 마음이 항상 있었기 때문이다."

국가의 안팎에서 오는 위협에 대해서는 미팜은 비교적 강경한 입장을 취함을 알 수 있다. 그는 이렇게 적고 있다. "만약 다른 누군가가 당신에게 이유 없이 폭력을 가한다면, 물러서지 말고 오히려 단호히 맞서라"고 한다. 그는 시민들이 국가를 지키기 위해 적극적인 역할을 하는 스파르타식 사회를 생각하는 것 같다. "모든 사람은 강력한 갑옷과 요새들, 그리고 다양한 종류의 말과 무기를 집에 비축하고 있어야 하고, 각자는 용기가 있고 무술을 알아야 한다"고 한다. 이 같은 군사적 준비 태세가 갖추어진 상태에서 "갑옷을 입은 군인과 장군들은 필요시에 지체 없이 바로 행동에 나서게 될 것이다." 그러나 이러한 호전적인 현실적 정치 속에서도 불교의 비폭력주의와 긴장 관계가 다시 등장하는 것을 아래의 글에서 볼 수 있다. 미팜은 다음과 같이 말한다. "모든 살아있는 생물은 그들 자신의 생명을 소중히 여긴다. 따라서 왕은 살인을 완전히 포기해야 한다. … 그리고 할 수 있는 한 어떤 존재에 대해서도 새와 동물에 대해서조차도 폭력을 중단해야 한다." 이와 같은 양가적인 긴장 관계가 아직 남아 있기 때문에 결국 우리는 다음과 같은 스티븐 젠킨스(Stephen Jenkins)의 분석에 동의해야 할 것 같다. 즉 불교의 최종적인 입장은, '자비로운 의도 하에 신중하게 그리고 원칙을 가지고 사용되는 폭력은 안전을 드높여 주며 도덕적 진실성을 유지한 채 권력을 얻고 유지하려는 목적을 달성케 해준다'는 것이다.

테러리즘

'테러리즘'이라는 말은 정의하기 쉬운 말이 아니다. 잘 알겠지만 누군가에게는 테러리스트이지만 다른 사람에게는 자유를 얻기 위해 싸우는 투사일 수 있기 때문이다. 오늘날 테러리스트라고 규정된 집단이 미래에는 어떤 국가의 정부를 이룰 수도 있다. 아프리카 민족회의의 경우가 그렇다. 그 단체는 1987년에 영국과 미국에 의해 테러 단체로 지정되었지만 그 후 남아프리카 공화국 정부를 구성하게 되었다. '테러리스트'라는 단어는 원래 1790년대 프랑스 혁명주의자들이 자신을 가리키는 말로 만들어서 썼지만 오늘날 이런 이름을 좋아할 사람은 별로 없을 것이다. 대신 '도시 게릴라'나 또는 '신성한 전사'라고 불러주는 것을 더 선호한다. 프린스턴대학교의 '워드넷'(Wordnet) 온라인 사전은 테러리즘을 정의하기를, '정치적, 종교적 또는 이념적인 목적을 달성하기 위해 민간인에게 가해지는 고의적 폭력(또는 폭력을 가하겠다는 위협)'이라고 한다.

이러한 개념 정의는 '정당한 전쟁' 이론의 관점에서 볼 때 왜 테러가 비도덕적으로 간주되는지를 분명히 보여준다. 테러 집단은 합법적인 정치적 권위를 갖지 않으며(앞의 *jus ad bellum* 조항에 위배), 많은 사람에게 두려움을 퍼뜨리고자 특히 민간인을 목표로 공격하기 때문이다(*jus in bello* 조건에 위배됨).

테러리즘에 대해서 현대 불교계의 입장은 다음의 세 가지를 강조하는 것 같다. 첫째, 우리는 현재의 이런 상황이 발생한 원인을 완전히 이해하려고 노력해야 한다. 연기법에 따르면 분쟁이란 원인과 조건의 복잡한 관계 속에서 발생하며 왜 이러한 상황이 발생했는지 그 이유를 완전히 이해하기 전까지는 지속가능한 해결책을 찾을 수 없기 때문이다. 둘째, 우리는 공격에 대해 증오심이 아닌 자비의 마음으로 대응해야 한다. 셋째, 폭력은 보복의 순환만 가져올 뿐 평화의 기회를 더욱 요원하게 만든다. 틱낫한(Thich Nhat Han) 스님은 자기반성과 비판이 필요하다고 말하였다. 2001년 9월 11일 세계무역센터 공격이 있은 후 그는 미국이 군사적 보복 응징보다 상대편과 대화를 하는 편이 더 나았을 것이라는 견해를 피력하였다. 핵심적 질문은 바로, '왜 그들은 그런 행동을 할 만큼 우리를 그렇게 미워할까?'라고 하면서, 그 질문에 스스로 답변하기를, "우리가 들을 용의만 있다면 그들은 우리에게 말을 해줄 것이다"라고 하였다.

버마 민주화 운동의 지도자이자 1991년 노벨 평화상 수상자였던 아웅산 수치는 테러리즘에 대해 다음과 같은 말을 한 적이 있다.

아시다시피 저는 불교신자입니다. 불교신자로서 답은 매우 간단하고 명확합니다. 그것은 자비와 용서만이 진정한 처방이라는 것입니다. 우리가 자비와 용서를 마음속에 품을 때, 우리는 테러리즘뿐만 아니라 세상을 괴롭히는 많은 악한 일을 이길 수 있다고 확신합니다.

하지만 그 후에 일어난 일련의 사건들로 그녀의 말은 공허한 울림이되었다. 아웅산 수치는 2016년에 미얀마의 실질적인 지도자가 된이래 유엔(UN)이 '인종말살의 교과서적인 예'라고 표현했던 로힝야무슬림 소수민족에 대한 미얀마인들의 행동에 대해 비난하는 것을거부함으로써, 과거의 국제적 지지자들로부터 거센 비난을 받았다. 2000~2001년과 2011~2012년에 사이에 미얀마에는 반이슬람 시위가 있었고, 2017년 UN 사무총장은 "박해, 차별, 급진화, 폭력적인억압의 악순환 때문에 40만 명 이상의 사람이 절망적인 상태에서피난을 가는 상황에 이르렀다"고 발표하였다(현재 수치는 70만 명에가깝다). 조사관들은 그러한 공격이 불교 광신주의와 버마 민족주의가결합되어 일어났다고 하면서, 무슬림 소수민족에 대한 조직적 '불교테러리즘'이라고 표현하였다.

버마의 단체인 마바타(Ma Ba Tha, '인종종교보호협회')는 많은 승려들의 지지를 누리고 있으며 반이슬람 운동의 최전선에 서 있다. 이슬람의높은 출산율이 불교의 생존에 위협이 된다고 주장한다(무슬림 인구는전체 인구의 5퍼센트 미만일 뿐이다). 이 단체는 다른 종교 간의 결혼을제한하는 법률을 로비를 통해 통과시켰다. 아이러니컬하게도 이 단체의 많은 회원들이, 비폭력적으로 군정을 무너뜨렸던 2007년의 '사프론

혁명'에 참여했던 사람이라고 한다. 그들은 『자애경』(*Mettāsutta*)의 가르침을 따른다고 주장한다.

버마 북부에 위치한 카친 주의 대규모 기독교 소수민족 마을도 공격을 받았는데, 이 일은 많이 알려져 있지 않다. 의도적으로 버마 군이 민간인을 표적으로 하였으며 지난 10년 동안 약 13만 명의 사람들이 피난을 갔다고 한다. 이런 문제들에 대해 아웅산 수치는 '간결하고 명료한' 대답을 내놓지 않고 있으며, 현재 공식적 담화에서 불교의 '자비와 용서'에 대해 거의 언급하지 않고 있다. 그녀와 그녀의 정부가 언론인들과 운동가들을 기소한 것은 많은 비판을 받고 있는데, 그 결과 그녀가 받은 많은 국제적 상들이 취소되었다.

미얀마의 상황만 그런 것은 아니다. 스리랑카의 불교도들에 의한 인권 유린에 대해서는 이미 언급했지만, 일본과 중국에서도 불교는 종종 국가와 결합하여 억압과 통제를 자행하였다. 일본과 관련하여, 브라이언 빅토리아는 일본 국내 테러에 선불교 민족주의(Zen nationalist) 이데올로기가 어떤 역할을 했는지에 대해 연구하였다. 1930년대 선 수행자인 이노우에 닛쇼(井上日召)는 테러 단체의 리더가 되어 두 번의 살인을 저질렀으며 여러 번 암살을 시도한 적이 있지만 실패했다고 스스로 밝혔다(그 집단은 20명 정도의 유력 인사들을 죽이려고 계획했다고 한다). 이노우에는 자신이 견성見性했다고 주장했는데 당대의 가장 위대한 선사 중의 한 명이었던 야마모토 겜포(山本玄峰, 1866~1961)는 그 말을 확인해 주었다. 일본 선종 사람들이 많이 그랬던 것처럼, 이노우에는 선을 '무기로 삼았으며' 그것을 극우 이데올로기에 사용하였다.

　　결국 전쟁과 테러리즘의 문제를 대면할 때 불교는 두 방향으로 나아가는 것 같다. 하나는 고전적 자료에 등장하는 엄격한 평화주의의 입장이고, 다른 하나는 무력 사용을 거부하지 않고 군사적 행동을 정당화하기 위한 명분으로 불교를 종종 언급하는 것이다. 남아시아에 서는, 전쟁에서 승리를 거둔 후에 승단에 큰 보시를 올리는 공덕을 쌓는 등의 활동을 하여 이러한 긴장을 완화하려고 했다. 일본과 동아시 아의 다른 지역에서는 이러한 불협화음이 덜 문제가 되는 것처럼 보인다. 한편 다른 사람을 불교로 개종을 시키기 위한 목적으로 전쟁을 한 적은 거의 없다는 점은 주목해야 할 것이다. 대신 제리슨(Jerryson)이 지적한 바와 같이, '불교와 관련하여 일어난 전쟁들은 승가와 국가 권력이 결탁한 결과이거나 또는 이상왕국적 요소를 가진 운동이다.' 현대에 와서, 종교, 인종, 그리고 민족주의가 폭발적으로 섞임으로써 많은 폭력 현상이 나타나고 있으며, 이것이 가라앉을 기미는 거의 보이지 않는다.

　　평화주의는 이상으로서 출가자들에게 실행 가능한 선택이 될 수 있지만, 미팜과 같은 실용주의적 이론가들은 그것을 실행 가능한 사회 정책으로 보지 않는 것은 확실하다. 미팜은 범죄자를 처벌하는 데 무력의 사용을 허용하고 있으며, 따라서 같은 원리가 자신을 방어하기 위한 전쟁을 정당화하는 데 어떻게 사용될 수 있는지는 쉽게 알 수 있다. 그의 논지는, 내부에서 또는 외부에서 정의로운 사회질서를 파괴하거나 전복시키려 하는 자들은 처벌을 받아야 한다는 것이다. 물론 합리적인 생각을 가진 사람이라면, 앞에서 소개한 세 가지 원칙, 즉 갈등의 원인을 이해하려 노력하고, 반대편에 대해 자비심을 내고,

평화적인 방법으로 분쟁을 해결하려고 노력하는 등에 더 주목할 것이다. '평화주의는 수동주의를 의미하는 것이 아니다'는 말이 있듯이, 폭력적인 갈등의 형태로 분출되기 전에 불의와 갈등의 요소가 될 만한 일을 없애기 위해 해야 할 보다 유용한 일들이 많이 있다.

제6장 낙태

비폭력, 아힘사(*ahiṃsā*)와 같은 불교의 윤리적 가르침은 낙태에 대해
어떤 입장을 취하게 하는가? 불교는 '생명'을 우선하는가 혹은 '여성의
선택'을 우선하는가? 윤회에 대한 불교의 믿음은 현대의 낙태 논쟁에
새로운 차원을 불러온다. 우선, '삶은 언제 시작되는가?'라는 질문에
완전히 새로운 시각을 보여준다. 불교에서 삶이란 뚜렷한 시작이나
출발점이 없는 윤회의 연속이며, 태어나고 죽는 것은 계속 지나가고
지나가는 회전문과 같다. 그런데 윤회에 대해 믿으면 낙태가 가지는
의미가 더욱더 심각해지는가 아니면 감소하는가? 낙태를 하면 윤회가
뒤로 미루어지는 것이니까, 즉 태어나기로 됐던 아기가 나중에 태어나
게 되는 것이니까 낙태에 대한 심각성을 줄인다고 생각할 수도 있다.
그러나 이러한 논리라면 어른을 죽이는 것도 그 어른이 결국 다시
태어날 것이니까 정당하다고 할 수 있을까? 하지만 불교의 계율의
첫 번째 불살생계는 삶의 어떤 단계에서든 인간을 의도적으로 죽이는

것은 금지한다.

불교의 발생학

붓다는 출산을 네 가지 단계로 구분하였다. 가임기, 임신기, 분만,
그리고 육아가 그것이다(M.ii.148). 그는 인도의 전통적인 의학사상과
맞추어 수태를 다음 세 가지 조건이 갖추어져서 일어나는 자연스러운
과정으로 설명하였다(M.i.256). 인도 전통 의학에서는 수태란, (i)
남녀 간의 교합이 있어야 하고, (ii) 이것이 여성의 가임기 동안 이루어
져야 하며, (iii) 윤회하여 태어나려고 하는 죽은 사람의 의식(gandhar-
va, 건달바 또는 업식業識이라고 함)이 있어야 한다는 세 가지 조건이
만족되어야 한다.

　　초기불교도들은 생식의 과정에 대해서 『아유르베다』(Āyurveda)라
고 하는 고대 인도의 의료 전통에서 내려오는 생각을 공유한다. 『아유
르베다』에 따르면, 성교가 이루어져서 정액이 생리혈의 잔여물과
섞이게 되고, 만일 그때 업식이 있어서 이 유체 덩어리에 내려앉으면
이것이 수태이다. 수태되는 아기의 성별은 이때 결정된다고 한다(그런
데 요즘 어떤 경우에는 임신 중에 성별이 바뀌는 경우도 있다고 함). 수태
이후, 정신적 요소와 물질적 요소로 이루어진(불교에서는 이것을 명색名
色, nāma-rupa라고 부름) 이 새로운 개체는 '우유와 물의 혼합물 같은'
결합체의 형태로 자라게 되며, 죽음에 이르러 분리된다.

　　일단 의식이 자궁으로 '내려오고' 수태가 이루어지면 배아는 여러
단계를 거쳐 발달한다. 붓다고사는 『청정도론』(淸淨道論, The Path

of Purification)(236)에서 수태 후 첫 달 동안 배아가 크는 과정을 다음 네 단계로 설명하고 있다. 첫 번째 단계는 '카랄라'(*kalala*)인데, 조그만 배아가 '맑고 투명하'며, '머리카락 끝에 달린 아주 순수한 기름방울' 같다고 한다. 다음의 세 단계는 '아붓다'(*abudda*), '페시'(*pesi*), 그리고 '가나'(*ghana*)인데, 밀도와 단단함이 증가함에 따른 명칭이다. 18세기 티베트에서 찬술된『세 가지 기본적인 몸의 등장을 꼼꼼히 설명해 주는 등불』이라는 이름의 책에도 배아 발달의 단계가 요약되어 있다. 그 내용을 보면 앞에서 말한 초기의 관점이 그대로 채택되고 거의 바뀌지 않았음을 알 수 있다. 이 글은 수태 후 첫 28일간의 배아의 발달 과정을 다음과 같이 서술하고 있다.

> 타원형 모습의 태아가 7일이 지나면… 〔그것은〕 요거트처럼 겉과 속이 모두 점성을 띠게 되지만 아직 살이 있지는 않다. 또 7일이 지나면… 태아는 살이 붙지만 압력은 못 견딘다. 또 7일이 지나면 굳어지는데… 〔그래서〕 살은 이제 단단해지고 압력을 견딜 수 있다. 이때 다시 7일이 지나면… 태아는 다리와 팔을 만드는데, 이것은 허벅지 두 개, 어깨 두 개, 그리고 머리의 총 다섯 개의 돌기가 뚜렷하게 솟아오른다는 뜻이다.

이 글이 인용하고 있는 자료들은 정상 임신 기간이 38주라는 것에 대체로 동의하는데, 한 자료는 268일로 다른 자료는 270일로 보고 있다. 현대 의학에서는 평균 임신 기간을 마지막 생리 기간이 시작된 때로부터 280일로 계산한다.

낙태와 계율

전통적 가르침을 현대의 과학적 성과에 비추어 해석해 본다면, 오늘날의 불교도들 특히 전통 국가의 사람들이 보편적으로 생각하는 인간의 생명이 시작되는 지점은 수정의 순간이다. 따라서 낙태는 〔수정 이후에 일어나기 때문에〕불살생계를 범하는 것으로 널리 이해되고 있다. 앞에서 이미 언급하였듯이, 이 불살생계는 뿌라나(*prāṇa*, 문자 그대로 '숨'을 의미함)를 가진 어떤 것도 해를 끼치는 것을 금지하고 있다.

태아는 숨을 쉬지 않기 때문에 이 계율의 범위 밖에 있다고 주장할 수도 있다. 그러나 뿌라나의 의미는 단지 호흡에만 한정되는 것이 아니며 보다 일반적으로, 몸을 통해 흐르는 생명력 또는 에너지를 말한다. 뿌라나는 태아의 발전 단계 내내 계속 존재하기 때문에(아니면 태아는 크지 못한다) 불살생계의 도덕적 범위가 출산 전의 아기에게는 적용되지 않는다고 주장하기는 어렵다. 한편, 이것은 태아의 발육의 어느 단계까지 낙태가 허용될 수 있는지 그 지점을 설정하는 것을 어렵게 한다.

불살생계가 낙태와 관련하여 모호함이 있다고 생각한다면, 아래에 승려들을 위한 계율인 『율장』에 나오는 바라이죄(*pārājika*) 중 세 번째, 살생과 관련된 같은 내용을 본다면 그러한 모호함은 없어질 것이다. 세 번째 바라이죄는 인간의 생명을 뺏는 것(*manussa-viggaha*)을 금지하고 있다. 아래에 소개하는 내용(박스 11)은 구체적으로 낙태를 언급하고 있다. 주석에서는 불살생계는 임신되는 그 순간부터 적용된다고 한다. 이 계율은 비구와 비구니, 즉 승려에게만 적용되는 것이지만,

〈박스 11〉 세 번째 바라이죄, 살생에 대한 계

계를 받은 출가 승려는 살아있는 것이 개미라 하더라도 고의로 생명을 빼앗아서는 안 된다. 낙태를 유발하는 등 고의로 인간의 생명을 박탈하는 승려는 더 이상 부처님의 제자가 아니다. 산산 조각으로 부서진 돌은 다시 붙일 수 없듯이 인간의 생명을 고의적으로 박탈한 승려는 더 이상 부처님을 따르는 사람이 아니다. (Vin.i.97)

생명을 이후의 어떤 시점이 아니라 임신 때부터 시작된다고 생각하고 있음을 확인할 수 있다.

낙태에 대한 비난에도 불구하고, 『율장』에 기록되어 있는 사례들을 보면, 승려들이 의료인으로서 낙태 준비를 돕거나 낙태에 관여했다는 것을 보여준다. 승려들은 신도들에게 종종 상담자로서 역할을 하였기에 원치 않는 임신과 같은 가정생활에서 일어나는 여러 일들에 연루가 되었을 것이다. 낙태를 시도하는 동기로는, 유부녀가 외도를 통해 임신했을 때와 같이 외도를 감추기 위해, 상속과 관련하여 상속자가 태어나기 전에 낙태시킴으로써 상속을 방지하려고, 또는 부인 여러 명 간에 경쟁이 있는데 한 부인은 아이를 낳고 다른 부인은 못 낳는 경우 등이 문헌에 나타나고 있다. 이런 경우 승려들은 종종 자신의 의학 지식을 사용하여 유산이 되도록 한 것 같다. 사용된 방법은 연고, 물약, 마법, 자궁을 누르거나 차는 방법, 불을 갖다 대거나

열을 가하는 방법 등이다. 하여간 이같이 낙태를 시술하거나 시술하는
데 관여한 승려들은 승가에서 영원히 추방되는데, 승가에서 추방되는
것은 가장 엄중한 처벌이다.

승려들의 행동 지침서인『율장』뿐만이 아니라 불교 일반 서적에도
낙태의 업보에 대한 이야기들이 적나라하게 들어 있다.『법구경』의
해설서인『죽은 자의 이야기』(*Petavatthu*)나『자타카』(*Jātaka*), 예를
들어『삼키차 자타카』(*Saṃkicca Jātaka*)에는 미래의 삶에서 자식이
죽거나, 복수를 당하거나, 지옥에서 떨어지는 등, 여러 가지 종류의
과보를 받는 이야기가 나온다. 그러므로 초기불교는 대중적인 수준과
학문적인 수준 모두에서 낙태는 업보의 고통을 가져오는 부도덕한
행위라고 일관적으로 말하고 있다.

인격에 대하여

서양에서 나타난 낙태에 대한 철학적 논의의 많은 부분은, 도덕적
인격성의 기준은 무엇이고 태아가 도덕적 존경을 받을 자격을 갖는
능력을 획득하는 지점은 언제인지에 초점을 맞추고 있다. 이러한
접근이 나타나게 된 철학적 토대는 로크(Locke)와 칸트에 의해 마련되
었다. 그들은 오직 이성적 존재만이 도덕적 지위를 갖는 '인격'(persons)
이라고 주장하였다. 그들에게 있어서 도덕적 주체라는 패러다임은
지적 능력을 소유한 성인에 해당한다.

로크와 칸트는 이러한 결론을 낙태 문제에 적용하지는 않았지만,
그들의 견해를 바탕으로 해서 낙태에 대해 자유주의적 입장을 취하는

현대의 철학자들은, 우리가 가치를 두는 것은 생물학적 의미에서 인간의 생명이 아니라 인간이 가지고 있는 더 높은 능력과 힘, 즉 이성, 자의식, 자율성, 관계 형성의 능력, 기타 유사한 능력이며, 이러한 능력이 있을 때 우리는 도덕적인 '인간'을 말할 수 있고, 그것이 없으면 오직 생물학적인 생명만 있다는 것이다. 이 논리에 따르면 태아는 그런 속성을 획득하기 전에는 실제적인 것이 아닌 '잠재적인 사람'일 뿐이며, 따라서 완전한 도덕적 지위를 주장할 수 없고 그에 따르는 생명에 대한 권리 주장도 갖지 않는다.

이러한 접근법의 한 가지 예로, 메리 앤 워렌(Mary Anne Warren)과 같은 현대의 페미니스트들은 인간성의 중심이 되는 다섯 가지 특징들로, 의식, 추론, 자율적 동기에서 하는 활동, 의사소통하는 능력, 그리고 자기 인식을 말한다. 워렌은 태아는 물고기보다 더 의식이 있거나 사고능력을 가지지 않기 때문에, 낙태는 부도덕한 것이 아니라고 주장한다. 이에 반대하는 사람들은 이 기준들이 자의적이라고 주장하면서, 어린아이들도 이 같은 테스트는 넘지 못할 것이니 그러면 영아 살해가 합법화할 수 있다는 말이냐고 비판한다. 보수주의자들은 진보주의 입장에 대해 '미끄러운 경사'(slippery-slope) 논변을 써서 반대하기도 한다. 태아 발달의 경로에 어느 한 지점을 정해서 선을 그을 수는 없다는 것인데, 그러한 선이란 모호한 것이라서 어디서부터 인간이라 할 수 있는가 하는 것을 계속 논의하다 보면 결국은 [미끄러져서 그 시점을] 수태의 순간으로 내려 잡게 된다는 것이다.

그러한 인간성 개념에 기반하여 불교적인 프로 초이스(pro-choice) 입장, 즉 여성의 선택을 더 존중하는 입장이 만들어질 수도 있을 것이다. 그것은 불교의 오온五蘊설과 연관해서 설명하는 것이다. 오온이란 인간을 구성하는 다섯 가지 요소 내지 특성을 말한다(박스 12번 참조). 이 다섯 가지 요소가 한꺼번에 얻어지는 특징이 아니라 점진적으로 획득되는 능력임을 보여줄 수 있다면, 초기 태아의 삶이 그 이후에 비해서 가치가 적다는 가정을 세우는 것도 가능할 것이다.

〈박스 12〉 오온(五蘊, five *skandha*s)

1. 색(色, *rūpa*) 물질적 형태 또는 신체
2. 수(受, *vedanā*) 느낌, 감정
3. 상(想, *saṃjñā*) 지각, 개념
4. 행(行, *saṃskāra*) 의욕, 정신적 형성
5. 식(識, *vijñāna*) 의식

예를 들어 느낌과 관련된 '수受'의 요소는 배아나 어린 태아에게는 없거나 잘 발달되지 않은 것으로 간주할 수 있는데, 이것은 느낌의 능력이 뇌와 중추신경계의 발달에 달려 있기 때문이다. 또한 보통 '의식'으로 번역되는 다섯 번째 요소인 '식識'에 대해서도 같은 말을 할 수 있겠지만 이 맥락에서 식은 '의식이 있음'과 더 유사한 뜻이다. 그런데 이러한 주장들은 문제가 있다. 왜냐하면 초기의 해설서에서는 오온이 윤회의 순간부터(즉 다른 말로 하면 수태의 순간부터) 갖추어져 있다고 하기 때문이다. 예를 들어 붓다고사는 인간의 심신을 가리키는

명색(名色, *nāma-rupa*)은 인간으로서 존재하는 바로 그 첫 순간부터 완전하다고 한다. 이것은 색수상행식의 집합이 태아가 진화함에 따라 점진적으로 발달하는 것이 아니라 처음부터 하나의 통합체를 형성하고 있다는 것을 의미한다.

더욱이 윤회의 교리에 따르면, 이 새로이 수태된 생명은 무에서 시작하여 계속 진화해 나가는 '잠재적인 인간'이 아니라, 최근에 사망한 개인의 업의 자취를 가지고 있는 그 사람의 지속적 존재이다. 만약 우리가 카르마의 영상 테이프를 몇 시간만이라도 되감아서 이전의 삶에서 죽음이 일어난 그 순간으로 돌아간다면, 거기에는 '인격성'의 모든 요건을 충족하는 성인 남성 또는 여성을 틀림없이 발견할 것이다. 윤회를 통해 탄생한 그 몸은 다른 모습이지만 인간의 신체 형태는 끊임없이 변하며, 불교의 가르침에 따르면 수태의 순간에 우리 앞에 있는 것은 같은 사람이며 다만 신체 발달에 있어서 미성숙한 단계에 있는 사람일 뿐인 것이다. 수천 번의 나고 죽고 하는 윤회의 삶 속에서의 인간 주체의 연속성을 고려할 때, 어떤 주어진 단계에 이것은 '실제적이고' 이것은 '잠재적'이라는 꼬리표를 적용하여, 이럴 때는 첫 번째 계율의 도덕적 보호를 받고 저럴 때는 그것을 잃는다고 주장하는 것은 자의적으로 보인다.

불교는 임신 후기에 낙태하는 것을 초기 낙태보다 도덕적으로 더 나쁜 것으로 간주한다고 흔히 생각한다. 이 견해는 『율장』(MA.i.198)에 대한 붓다고사의 해설에 기반하는 것인데, 불살생계 위반의 중대성을 평가하는 데 있어 두 가지 중요한 기준 중 하나가 희생자의 크기라는 것이다(다른 하나는 희생자가 얼마나 성스러운 사람인가 하는 것이다). 임신

말기에 이르면 태아는 상당한 크기로 자라기 때문에 후기 낙태가 그 이전의 낙태보다 더 나쁘다는 주장인 것이다. 그러나 이것은 앞에서 소개한 동물의 크기와 관련된 붓다고사의 해석이 동물의 경우에만 해당한다는 것을 잘못 이해한 것이다. 앞서 제3장에서 살펴보았듯이 큰 동물, 예를 들어 코끼리와 같은 것을 죽이는 것이 파리를 죽이는 것보다 더 나쁘다. 그것은 코끼리를 죽이기에 더 큰 힘이 들고 더 큰 결심이 요구되고 또한 가해자의 죽이겠다는 의지가 더 크기 때문이다. 이 크기의 기준이 인간의 경우에 적용되는 것은 분명히 아니다. 그러면 큰 사람을 죽이는 것이 작은 사람을 죽이는 것보다 더 나쁘다는 결론에 이르게 될 것이다. 따라서 태아의 크기가 더 작기 때문에 초기 낙태가 도덕적으로 덜 나쁘다는 주장은 붓다고사의 해석을 잘못 이해한 것이다.

불교 국가에서의 낙태

우리가 앞에서 본 것처럼, 고전 문헌에 나타난 규범적 입장과 실제 행해지는 것과는 많은 차이가 있고 또한 상당한 양의 '도덕적 부조화'가 있기 때문에, 사람들은 어떤 입장을 취해야 할지 혼돈을 경험한다. 아래의 표 1은 불교 인구가 큰 아시아의 국가에서는 어떤 법적 입장을 취하고 있는지를 표로 만든 것이다. 그리고 다음으로 태국과 일본의 두 나라에서의 상황을 보다 자세히 검토해 보겠다. 그 두 나라는 각각 상좌불교와 대승불교를 따른다.

〈표 1. 여러 아시아 국가에서 나타나는 낙태에 대한 합법성에 관하여(2017년 자료)〉

전면 금지	라오스
여성의 생명을 구하기 위한 경우는 허용됨	스리랑카, 미얀마, 부탄
여성의 생명을 구하기 위하여 그리고 여성의 신체적 건강을 보존하기 위한 경우는 허용됨	한국
여성의 생명을 구하기 위하여 그리고 여성의 신체적 정신적 건강을 보존하기 위한 경우는 허용됨	태국
여성의 생명을 구하기 위하여 그리고 여성의 신체적 정신적 건강을 보존하기 위한 경우, 그리고 사회 경제적 이유에 의한 경우는 허용됨	일본, 대만
제한 없음	캄보디아, 네팔, 베트남

출처: Guttmacher Institute, Abortion in Asia, Fact Sheet, New York: Guttmacher Institute, 2018. 강간, 근친상간, 태아 신체 이상의 경우는 특별한 조건이 적용될 수 있음.

태국

남아시아의 보다 보수적인 불교 국가에서는 특정 예외를 제외하고 낙태는 불법이다. 태국의 형법은 엄격한 처벌을 내린다. 스스로 자기 몸에 낙태를 시행한 여성, 또는 다른 사람을 위해 누구를 알선해 준 사람은 3년의 징역이나 벌금, 또는 둘 다에 처해질 수 있다. 낙태를 직접 시행한 사람에 대한 처벌은 이보다 더 크다. 징역 5년 또는 벌금, 또는 둘 다가 부과된다. 만일 낙태 시술 과정에서 그 여성이 다치거나 사망한 경우에는 처벌이 더 가혹하다. 1957년의 법령 개혁 이후 낙태는 강간, 근친상간, 또는 성범죄의 경우, 또는 산모의 생명을 구하기 위해 필요할 때만 허용된다. 이것을 좀 더 자유롭게 하자는 캠페인이 있으나 아직까지 성과가 없다.

그런데 공식적으로 나온 통계 숫자보다 실제 낙태의 숫자는 훨씬 많을 것이다. 불법 낙태 수술은 매우 흔하게 일어나며 전국적으로 특히 시골 지역에 있는 수백 개의 불법 낙태 클리닉에서 1년에 30만 건의 불법 시술이 수행된다고 추정된다. 1987년 연구에 따르면 낙태의 대부분, 약 80~90%는 주로 농업에 종사하는 기혼 여성들이 한 것으로 나타났다. 낙태가 이들 여성들 사이에서 일종의 피임법으로 사용된다는 것을 확인해 주는 것이다. 이 말은 곧 더 나은 피임법이 있다면 낙태의 숫자는 급격히 감소할 것이라는 뜻이다.

낙태 문제에 대하여 종교적 입장에서 기본적으로 반대함에도 불구하고, 태국 사람들의 낙태 문제에 대한 태도는 복잡해서 연구자들은 종종 모순된 처지에 직면한다. 1998년에 의료진에게 시행된 설문조사에서 양면적인 태도를 볼 수 있다. 대부분의 응답자들은 시술 후에 부정적인 느낌을 느꼈다고 대답했는데, 그중 36%의 응답자는 이 시술을 해서 자기에게 나쁜 업보가 초래될까 걱정을 하였다. 거의 모든 의료진이 강간을 당했거나 HIV 양성자이거나 임신 초기에 홍역에 감염된 여성에 대한 낙태에 대해서는 지지한 반면, 그들의 70%는 사회 경제적인 이유로 하는 낙태에 대해서는 반대한다고 답변하였다. 마찬가지로 설문조사에 답을 한 사람들의 매우 높은 비율이 낙태 문제를 태국의 도덕적 가치관에 대한 위협이라고 보는 반면, 의료진의 55%는 태국 낙태법이 자유로워져야 한다는 의견을 보였다.

태국의 상황의 흥미로운 측면 중 하나는 불교 승려들은 이 문제에 대해서 별로 반응이 없다는 것이다. 서양에서 성직자들이나 또는 지지 단체들이 낙태 클리닉 앞에 가서 피켓을 들고 농성을 하거나 시위행진을 하고 낙태를 고려하는 여성을 면담을 하듯이 태국의 승려들이 그렇게 하는 경우는 거의 없다. 그들이 낙태 문제에 대해 입장이 없어서 그런 것은 아니다. 사회에서는 보통 승가는 낙태법 개혁에 반대하는 보수층에 속한다고 인식하고 있다. 이러한 무관심은 대체로 승려의 행동 양식과 그들의 사회적 지위와 관련이 있다. 앞에서 성윤리에 대한 논의에서 우리가 살펴본 것처럼, 대부분의 불교신자들 특히 여성들은 그러한 문제에 대해 승려들과 의논하는 것을 부끄럽게 생각하고 대신 의사나 다른 전문가들과 의논하는 것을 선호한다.

일본

아시아 다른 곳에서의 낙태와 관련된 태도와 관행은 매우 다양하다. 일본의 경우 낙태는 합법적이며 매년 약 30만 건의 낙태가 시행된다고 한다. 불교는 일본의 주요 종교이지만 국교는 아니다. 일본에서 한때 낙태 문제가 특히 심각했는데, 이는 1999년까지도 피임약이 널리 사용되지 않았기 때문이다. 당시까지 피임약의 부작용에 대한 우려가 사회에 널리 퍼져 있었다. 어떤 사람들은 이것이 의학계에 의해 의도적으로 과장되었다고 주장한다. 효과적인 임신 방지법이 없는 상황에서 원치 않는 임신 문제를 다루기 위해 효율적인, 그리고 수익을 가져오는 낙태 산업이 등장하였다. 일본 사회는 또한 이 때문에 생긴 불안감을 대처하는 방법으로 낙태된 아기들을 위한 추도 의식이라 할 수 있는 미즈코 쿠요(水子供養)라는 의식을 발전시켰다. 1960년대와 1970년대

142

에 낙태 건수가 연간 100만 건 이상이 되는 피크를 이룰 때 이 의식이
무척 많이 시행되었다고 한다.

미즈코(水子)는 문자 그대로 물의 동자를 가리키며 일본 신화에
기원을 둔 개념이다. 쿠요는 의식 또는 공양을 올리는 것을 의미한다.
미즈코 쿠요 의식은 보통 아주 단순한 의식인데 작은 지장보살(地藏菩
薩, 그림 6 참조) 상으로 죽은 아이를 상징화하는 것이다. 지장보살은
일본 사람들이 아주 좋아하는 보살이다. 그는 어린아이를 보호하며,
그래서 전국 곳곳에 지장보살상과 지장보살 전각이 있다. 그는 스님
옷을 입고 종종 여섯 개의 고리가 달린 지팡이를 들고 다니는 모습으로
나타나는데 이 고리는 아이들 딸랑이 같은 찰랑거리는 소리를 낸다.
이 여섯 고리는 전통 불교 가르침에서 나오는 육도 윤회를 상징하며
지장보살은 도움이 필요한 이들을 돕기 위해 이 여섯 세계를 방문한다
고 한다.

지장보살의 기원은 인도의 크쉬티가르바(Kṣitigarbha) 보살에서 시
작하지만, 지장보살 신앙이 일본에 전해질 때쯤 미즈코 혹은 물의
아기라고 하는 어린 나이에 죽은 아이들에 대한 민속신앙과 관련을
맺게 되었다. 아이들은 지하세계나 또는 어두운 곳으로 가는데, 그곳은
다시 태어나기를 기다리는 중간 장소이다. 사람들의 상상 속에서
이곳은 '사이노카와라(西の河原)'라고 하는 인적 드문 강둑으로, 이승
과 다음 생 사이의 경계가 되는 곳이다. 그곳에서 아이들은 낮에는
해변에서 조약돌로 돌탑을 쌓고 놀지만 밤이 오면 춥고 무서워진다.
그때 지장보살이 와서 그의 장삼으로 아이들을 폭 감싸고는 지팡이의
짤랑거리는 소리를 들려주면서 아기들을 위로하는 것이다. 이 장면은

종종 조각상으로 묘사되고 미즈코 쿠요 의식 중에 종종 외우는 경전 구절 속에도 들어 있다.

종종 작은 지장보살상('미즈코 지조水子地藏'라고 함)에는 아이들의 턱받이가 걸려 있고, 바람개비와 장난감이 나란히 놓여 있다. 전통적으로 그 지장보살상은 집 내부나 길가의 작은 불단 위에 놓여 있는데, 요즘은 가마쿠라에 있는 하세데라(長谷寺)와 같이 전문 사원이 등장하여 여러 가지 형태의 다양한 행사와 서비스를 선보이고 있다. 이 사찰들에는 공원묘지나 공동묘지같이 낙태나 유산으로 죽은 아이들을

〈그림 6. 지장보살〉

<박스 13> 미즈코 쿠요 의식에서 자주 사용되는 지장보살께 올리는 염불

무서워하지 마라 사랑하는 아기야,
여기 오기엔 너는 너무 어렸고,
메이도(Meido, 冥途)까지 얼마나 긴 길이냐!
내가 아빠 엄마가 될 것이다,
아빠 엄마 그리고 소꿉친구,
메이도의 모든 아이들에게!
그리고는 지장보살은 아이들을 쓰다듬어 주고,
빛나는 장삼을 아이들에게 둘러 주고,
가장 작고 약한 아이를 들어올려
가슴에 안고서
비틀거리는 아이들은 그의 지팡이를 잡고.
어린아이들은 그의 긴 소매에 매달리면서,
그의 미소를 보고 웃음을 띠고,
그의 아름다운 자비심 속에서 기뻐하네.

위로하는 작은 조각상들이 줄을 지어 서 있다. 수자공양 의식은 다양한 형태로 이루어질 수 있지만 전형적으로 부모 또는 가족의 여러 구성원들이 같이 참여하며 지장보살상(그림 7 참조)을 세우고, 그 앞에서 절을 하고 촛불을 켜고, 징을 치고, 염불을 하거나, 『반야심경』 같은 짧은 경전을 외운다. 위패를 세우거나 사후에 법명을 주기도 하는데 그럼으로써 가족의 틀 속에 이 죽은 아이가 들어오게 한다. 이 의식은 매년 같은 날에 반복되기도 한다.

〈그림 7. 일본 카마쿠라 시의 라이코지(来迎寺)에 있는 미즈코 지조 기념관〉

<박스 14> 수자공양 의식에 대한 대중가요의 한 구절

아기의 축복을 기대했는데
꿈처럼 사라졌구나.
내 아기를 껴안지 못하는 것은 얼마나 쓰라린 일인가?
미즈코가 있는 곳을 몰래 찾아가
지난번 공양에서 가져온 이 연꽃을 바친다.
내 사랑에 대한 참회의 증표가 되기를.

　　미즈코 쿠요 의식을 공개적으로 함으로써, 낙태로 잃어버렸던 아이는 인정되고, 또 낙태와 관련되었던 사람들은 그 일을 받아들이며 감정적 차원에서 위로를 받게 된다(박스 14). 이 의식을 해 본 여성들은 위로가 된다고 한다. 특히 지장보살이 잃어버린 아기를 지켜준다고 생각하는 것은 분명히 큰 위안일 것이다. 수자공양을 알게 된 많은 서양 여성들도 이 의식이 유익하다고 생각한다. 제프 윌슨(Jeff Wilson)은 이 의식이 미국의 맥락에서 어떻게 적용될 수 있는지를 살펴보는 저술을 발표하였다.

　　그러나 이러한 의식을 비판하는 사람들이 없는 것은 아니다. 일본의 대부분의 불교 단체들은 미즈코 쿠요를 인정하지 않으며, 현대에 만들어진 것으로 어떤 경전적 근거도 없는 의심스러운 이론에 기반한 것이라 한다. 일본의 가장 큰 불교 종파인 정토진종은 이러한 이유로 이 의식을 적극적으로 반대하고 있다. 정통 불교의 가르침에 따른다면

어떤 의식을 한다고 해서 낙태로 인한 나쁜 업보를 씻어 없앨 수 있는 것은 아니라는 점을 지적하고 있다. 어떤 절에서는 현세의 일어나는 불행이 미즈코가 초래하는 뒤탈(타타리たたり) 때문이라는 생각을 심어 주고 상업적으로 이용한다고 한다. 무서운 그림을 보여주면서, 의식을 통해 달래주지 않으면 낙태된 태아는 복수심에 찬 영혼이 되어 어머니에게 문제를 일으킬 거라는 것이다. 의심할 여지없이 이것을 단순한 돈벌이로 생각해서 취약한 여성들을 갈취하는 데 사용하는 절이 많은 것 같다.

그런데 정토진종에서는 이에 대해 반대는 하였지만 그것을 정치적 형태로 진행하지 않았고, 일본 불교도들도 낙태에 관한 법을 바꾸거나 의료계의 관행을 바꾸어 보려는 운동을 벌이지는 않았다. 일본에서는 미국에서 흔히 보는 낙태 클리닉 앞의 피켓 시위나 의료원에 대한 공격은 없다. 인생의 무거움과 복잡함 때문에 판단이 흐려질 수도 있고 그래서 잘못된 선택을 할 수 있다는 것을 불교는 인정하고 있다. 원하지 않은 임신이나 낙태에 대한 적절한 반응은 비난보다는 동정과 이해일 것이다.

어떤 불교인들, 특히 서양의 불교도 중에는 낙태의 도덕성 문제에 대해 고대 불교 문헌 자료에서 주장하는 것보다 더 많은 논의 거리가 있으며 낙태가 정당화될 수 있는 상황도 있다고 느낀다. 그들의 주장 한 가지는, 초기불교의 입장은 여성의 지위에 대해 아주 다른 시각을 가졌던 당시 사회에서 만들어진 견해 아니냐는 것으로, 페미니스트들은 전통 사회의 가부장적 성격과 수세기에 걸쳐 제도화된 여성의 억압이 있었음을 지적하고 있다(어떤 학자들은 특정 시기와 장소를 제외하고는 이러한 역사적 주장은 옳지 않다고 반대한다). 또한 낙태권은 여성 해방에 필수적이며 여성에 대한 불평등을 바로잡기 위해 필요하다는 주장도 있다. 이러한 견해에 공감하고 '낙태권' 요구를 지지하는 불교인들이라면, 여성들이 양심과 조화를 이루는 결정을 내릴 수 있도록 명상을 하거나 스승과 상담을 하라고 권할 수도 있겠다. 불교와 서양의 가치관의 만남이 진행됨에 따라 낙태 문제에 대한 논의는 계속될 것이며 그 결과 이전보다 생각은 더 밝아지고 감정적 열기는 낮아지기를 바랄 뿐이다.

제7장 자살과 안락사

1963년 6월 11일, 73세의 베트남 승려 틱꽝득(Thich Quang Duc, 釋廣德, 1897~1963) 스님이 사이공의 어느 번화가에서 산 채로 분신했다는 기사가 전 세계에 대서특필되었다. 이 노스님은 연꽃 자세로 정좌한 후 제자 두 명에게 몸을 완전히 적시도록 휘발유를 뿌리라고 한 다음 불을 붙이게 했다(그림 8 참조). 당시 장면을 목격한 미국 뉴욕 타임스의 기자 데이비드 할버스탬(David Halberstam)은 그 장면을 이렇게 적고 있다.

불꽃이 솟구쳐 올라오더니 그의 몸이 서서히 작아지면서 오그라들었다. 머리는 새까맣게 타들어갔고 사람 살이 타는 냄새가 진동했다. … 등 뒤에서 모여든 베트남인들의 흐느끼는 소리가 들렸다. 나는 너무 충격을 받아서 울음도 나오지 않았고, 너무 혼란스러워 메모를 쓰거나 누구에게 질문을 던질 수도 없었으며, 생각도 할 수 없을 지경이었다.

주위를 둘러싼 사람들이 충격 속에서 울부짖는 중에 스님은 미동도 하지 않고 앉아 있어 극도의 대조적인 모습을 보였다. 군중들에 둘러싸인 채 활활 타오르는 불길 속에서 정좌한 채 조용히 죽음에 이르는 스님의 모습을 담은 이 사진은, 1960년대를 대표하는 이미지 중 하나가 되었다.

틱꽝득 스님의 죽음은, 소수 가톨릭 편을 들면서 끈질기게 불교를 탄압해오던 독재자 응오 딘 지엠 대통령에 대한 항의의 표현이었다. 틱꽝득은 다음과 같은 말을 남겼다.

〈그림 8. 1963년 사이공에서 틱꽝득 스님이 분신하다〉

이제 눈을 감고 부처님 전에 가기 전에 저는 지엠 대통령에게 말씀을 올리고 싶습니다. 국민들을 친절하고 관용하는 마음으로 대하고, 부디 종교 평등 정책을 시행해 주십시오.

이 사건이 갖는 정치적인 요청과는 별개로, 이 극적인 이미지는 많은 서양 사람들의 주목을 끌었고 불교에 대한 관심을 유발했다. 도대체 불교는 어떤 종교이기에 그것을 따르는 사람들이 저런 굳은 신념으로 저렇게 행동할 수 있는가? 초인적인 자기 통제력을 보이면서도 깊은 내면적 평화와 평온을 지킬 수 있는 그런 종교에 대한 호기심을 일깨웠던 것이다.

이 행위의 의의는 무엇이었으며, 이것은 윤리적 관점에서 어떻게 평가되어야 하는가? 틱꽝득은 순교자인가 아니면 광신자였는가? 베트남의 불교지도자들은 이분 외에 또 다른 노스님인 틱티유디유의 자살은 허가했지만, 젊은 승려들이 그렇게 하는 것은 허락하지 않았었다. 호전적인 지도자 틱티꽝 스님의 '소신공양燒身供養이 불교의 비폭력 정신을 상징하는 가장 고귀한 투쟁 방식이다'라는 성명이 나오고 난 후 다섯 명이 죽음이 선택하였다. 그러자 틱티꽝 스님은 이제 자살을 그만둘 것을 추종자들에게 요구하였다. 이후 최근까지 베트남 불교 승단의 정책은 분명히 목숨을 끊는 것을 말리는 입장이다.

어떤 불교도들은 이러한 자살의 행위를 보살의 이상에 따라 자신을 희생하는 영웅적인 행위로 해석한 반면 어떤 사람들은 이것이 불교의 가르침에 반하는 잘못된 행동이라고 보았다. 어떤 이들은 이러한 자살 행위는 폭력을 포함할 뿐만 아니라 또한 '인간으로 환생한 귀한

> **〈박스 15〉틱낫한 스님이 쓴 "베트남: 불의 바다 속에 핀 연꽃"(1967)**
>
> 언론에서는 그 일을 자살이라고 표현했지만, 본질적으로 이것은 자살이 아닙니다. 그것은 심지어 항의도 아닙니다. 그 스님들이 분신하기 전 남긴 편지에서 했던 말은 단지 사람들에게 경종을 울리고 압제자의 마음을 움직이고자 한 것이며, 당시 베트남 사람들이 겪고 있던 고통에 대해 세상의 이목을 환기하기 위한 것일 뿐입니다. 분신은 자신이 하는 말이 중요하다는 것을 증명하기 위한 것입니다. … 그 베트남 스님은 분신을 통해, 자기 국민을 보호하기 위해서는 모든 힘과 결의를 모아서 자기가 견딜 수 있는 가장 큰 고통을 이길 수 있다는 것을 말한 것입니다. … 그러므로 분신을 통해 자신의 의지를 표현하는 것은 파괴의 행위가 아니라 건설적인 행위이며, 그것은 국민을 위해서 고통을 받아들이고 죽음을 불사하겠다는 뜻입니다. 이것은 자살이 아닙니다.

기회'를 헛되게 쓰는 것이라고 주장한다. 베트남의 분신 사건에 대한 이러한 의견의 차이는, 도덕적 이슈로서 자살이 갖는 본질적 문제점을 잘 보여준다. 우선, 우리는 관련자의 동기를 완전히 확신할 수 없는데, 그 사람을 증거 제시를 위해 불러낼 수 없기 때문이다. 또 다른 복잡한 문제는 무엇을 '자살'로 간주하는지 정의하는 것이 항상 쉽지 않다는 것이다. 만약 우리가 자살을 정의하여 '스스로 인지한 상태에서 죽음에 이르는 일련의 행동을 하는 것'이라고 한다면, 그 범주가 무척 넓음을 알 수 있다. 예를 들어 전우들을 구하기 위해 수류탄에 몸을 던지는 군인은 '자살'을 하는 것일까? 그리고 어떤 결과가 자신을 기다리고 있는지 알면서도 개심을 거부하는 순교자, 또는 추락하는 비행기에서 학교로 비행기가 떨어지는 것을 막기 위해 끝까지 조종실에 남아 있는 조종사는 어떤가? 우리가 이러한 예들을 어떻게 분류하느냐에 따라 그들에 대한 우리의 도덕적 평가는 매우 다를 수 있다. 그 사람들은 자살이라고 낙인찍히기보다는 칭찬받을 수 있고, 심지어 영웅으로 추앙될 수도 있다. 하여간 그들 모두 자신이 죽음으로 끝날 것을 알면서도 이런 행동을 자유롭게 선택했다는 사실은 그대로 남는다.

스스로 초래한 죽음에 들어 있는 여러 가지 뉘앙스를 고려해서 어떤 사람들은 '자살'(suicide)과 같은 폄하적인 용어를 피하고 '자발적 죽음'(voluntary death)이라는 말을 쓰자고 한다. 그 외 앞에서 인용한 예들을 포괄하기 위해서는 '이타적 자살'(altruistic suicide)이라는 범주 도 필요할 것 같고, 또 틱꽝득의 경우와 같은 경우 '종교적 자살'(religious suicide)이라는 범주도 필요할 것이다. 자살과 안락사에 대한 논의에서, 쟁점을 명확히 규정하고 정확한 정의를 제공하지 못함으로써 오해가 발생하는 경우가 종종 있다. '안락사'(euthanasia)라는 용어와 그것의 다양한 뉘앙스에 대해 이 장의 뒷부분에서 더 설명하겠지만, '자살'이라는 단어는 우리의 일상 언어에 깊이 뿌리박혀 있고 또한 이 단어가 가지는 의미론적 함정에 대해 이미 독자들에게 주의를 드렸기 때문에, 본 저자는 이 책에서 자살이라는 용어를 계속 사용할 것임을 말씀드린다.

소신공양燒身供養

틱꽝득 스님이 1963년 극적으로 그의 삶을 끝냈을 때, 그의 사례는 많은 사람들에게 본보기가 되었다. 그가 사망한 이후 수십 년 동안 전 세계에서 분신으로 죽은 사람은 수천 명에 달하며, 많은 경우가 그의 행동을 직접 본 딴 형태였다. 공적인 문제에 항의하기 위해 분신하는 사람들의 대부분은 보통 약 25세의 젊은 남성들이다. 2008년 시위 이후 티베트인들 사이에서, 주로 중국의 칭하이성(青海省)과 쓰촨성(四川省)에서 일련의 분신 사건이 일어났다. 2009년과 2018년 사이에 155명의 티베트인들이 분신했는데, 그중 24명이 남자 승려(또는 전적 승려)이고 2명의 여승도 포함되어 있다. 달라이 라마는 그러나 '제가 그들을 만약 비난한다면, 그들의 가족들은 매우 슬퍼하겠지요'라고 말하면서 그들의 행동을 비난하는 것을 거부했다. 하지만 달라이 라마는 그들의 희생이 '아무런 결과를 가져오지 않았으며 더 많은 문제를 일으킬 수 있다'고 믿는다.

중국에는 종교적인 이유로 자신의 몸 전체나 신체 일부를 태우는 것에 대한 역사적인 전례가 있다. 상징적으로 몸의 일부를 태우는 것은 중국과 한국에서 스님들이 출가할 때 수계의식의 일부로서 행해진다. 출가식이 진행되는 동안 약간의 쑥을 조그맣게 말아서 승려의 면도한 머리 위에 놓고 불을 붙인다. 그것이 타들어 가면서 머리의 두피에 영구적인 자국을 남긴다.[역주: 이것을 한국 불교에서는 연비燃臂라 부름. 한국에서는 정수리에 하지 않고 팔뚝에 함. 중국 등에서는 머리에 초의 심지를 붙여 사르는데 이것을 연정燃頂이라고 함] 이 의식은 중국

고대에 그 기원을 두는 것으로, 가뭄이 들었을 때 비를 내리게 비는 의식에서 사용되었다. 더 극적인 예로는 역사적인 기록에 등장하는 것으로 손가락이나 팔다리(보통은 팔) 전체를 태우는 것으로 더 극단적인 경우에는 전신을 태우는 경우도 있다(박스 16 참조). 10세기 중국의 승려 영명 연수(永明延壽, 904~975)는 글에서 이러한 관습을 평범한 비구·비구니들도 할 수 있다고 권하고 있다(다른 큰스님들은 이에 반대하였다. 그러한 극단적인 행위들은 단지 위대한 보살들에게만 적합하다는 주장이었다). 그러한 행위를 인정하는 사람 측에서는 그 행동을 붓다에 대한 헌신으로, 붓다의 열반 후 화장하던 모습을 연상시키는 경배와 신앙의 모습을 보여주는 것으로 해석한다.

〈박스 16〉『범망경梵網經』

서기 5세기에 중국에서 찬술된 이 불경은, 대승불교의 경전과 계율을 배우고 그 뜻을 이해한 사람은 새로 발심한 보살들에게 다음과 같이 가르쳐야 한다고 설명한다.

불법에 따라, 몸이나 팔·손가락을 태우는 온갖 고행苦行을 그들에게 설명해 주어야 한다. 만약 몸이나 팔·손가락을 태워 부처님께 공양하지 아니하면 발심한 보살이 아니다. 또 굶주린 범이나 이리·사자·아귀에게까지 몸, 살, 손, 발을 던져 주어 공양할 것을 말해 주어야 한다.

그러나 불교학자 제임스 벤(James Benn)이 밝혔듯이, 이러한 관습을 증명해 주는 두 문헌 『범망경』과 『수능엄경』 모두가 인도에서 만들어진 경전이 아니라 중국에서 만들어진 위경偽經이라는 점은 흥미 있는 일이다. 따라서 이같이 금욕의 전통은 의문의 여지가 있다.

이웃 일본에서도 '복부를 가르다'라는 의미의 '할복'이라는 의식화된 형태의 자살이 흔하게 행해졌다. 이 행위는 무릎을 꿇은 자세에서 내장을 두 번 가로질러 자르는 것인데, 그러고 나면 보조하는 사람이 칼을 들어서 그 사람의 목을 내리친다(실제로 첫 번째 단계는 거의 실행하지 않는다). 도쿠가와 시대부터 시작하여 사무라이 무사들은 이러한 희생 의식을, 자신이 의무를 실패한 데 대한 처벌이자 자신의 직업에 대한 명예 규범으로서 생각하였다. 현대의 경우에서는 일본이 제2차 세계대전에서 패배한 후 일본군 사이에서 자결이 많이 발생하였다. 그런데 많은 사무라이들이 불교에 귀의하였기 때문에 어떤 학자들은 불교의 가르침에서는 자결은 정당화된다고 보기에 이르렀고, 나아가 자살 행위는 붓다의 승인을 받았다고 주장하기까지 했다. 우리는 이러한 주장들을 검토하고 지금까지 묘사된 동아시아의 관습이 초기불교 가르침에 어느 정도까지 기반을 두고 있는지 검토해 볼 필요가 있다.

인도 불교에서의 자살

초기불교에서 자살이 허용되었다는 생각이 나타나게 된 것은 팔리 경전에 들어 있는 몇 가지 경우 때문이다. 즉 어떤 승려가 중병을 앓다가 통증이 참을 수 없는 지경에 이르자 스스로 목숨을 끊고 죽었는데, 그러고 나서 붓다로부터 그 행동에 대해 인정을 받았다는 몇 경우에서 기인한다. 이 사례들의 특징은 해당 승려들은 죽을 때 이미 아라한과를 얻었기 때문에, 죽고 나서 다시 태어나지 않는 것으로 인식된다는 점이다. 이 사례를 바탕으로 해서, 불교는 일반적으로 자살을 반대하지만 깨달은 사람의 경우는 예외로 한다. 왜냐하면 어떤 의미에서 그들은 기존의 도덕적 규범을 초월했기 때문이다, 라는 의견이 등장하게 되었다. 그러나 필자는 이런 자료들을 좀 더 신중하게 읽어야 한다고 생각한다. 붓다는 분명 관련자들에게 큰 동정을 느꼈지만 그들의 자살을 나서서 용인한 것은 아니라고 본다. 붓다의 일반적 입장은 자살은 잘못된 것이지만 극단적인 상황에 의해서 목숨을 끊은 사람들을 너무 가혹하게 판단해서 안 된다는 것이었던 것 같다.

이러한 특별한 사례들을 제외하고는, 초기의 문헌 자료의 다른 곳에서는 자살을 옹호하는 사례는 거의 나타나지 않는다. 일반적으로 자살은 강하게 억제되고 있는 것이다. 찬나(Channa)가 자신의 고통을 끝내기 위해 '칼을 사용'하는 것을 고민하고 있다는 것을 아라한인 사리불(Sāriputra)이 알게 되었을 때, 사리불이 보인 대응 방식을 보면 알 수 있다.

찬나가 칼을 쓰지 못하게 하소서! 찬나가 살게 하소서! 우리는 찬나가 살면 좋겠습니다. 만약 그에게 맞는 음식이 모자란다면, 나는 그에게 알맞은 음식을 찾으러 갈 것입니다. 만약 그에게 맞는 약이 없다면, 나는 그에게 맞는 약을 찾아갈 것입니다. 만약

그에게 맞는 시자가 없다면, 내가 그의 시중을 들 것입니다. 찬나가
칼을 쓰지 못하게 하소서! 찬나가 살도록 하소서! 우리는 그가
살기를 원합니다! (M.iii.264)

이러한 의견들은 초기불교의 일반적인 입장을 보여주고 있다. 즉
폭력을 사용하는 행위는 피해야 하며 죽음은 결코 의도적으로 야기되
어서는 안 된다. 이것은 자기 자신의 죽음을 포함한다.

자살이 구체적으로 논의되는 몇 안 되는 경우는, 『율장』의 바라이죄
조목 중 세 번째, 즉 인간의 생명을 빼앗는 것을 금지하는 규칙 하위에
구체적으로 논의되고 있다. 이 규칙은 앞의 제6장에서 낙태에 대해
논의할 때 여러 번 언급되었다. 이 규칙이 도입된 상황은 자살과
안락사 모두와 직접적인 관련이 있다. 해설서에 따르면, 붓다가 어느
때 승려들에게 몸을 관찰하는 수행법을 가르치면서, '부정관不淨觀'
이라는 명상법을 가르쳤다. 이것은 몸에 대한 애착을 없애기 위해
하는 명상법이다. 부정관을 하면서 몸이란 무상하고 썩고 무너지기
쉬운 것이며 따라서 애착을 가질 대상이 아니라는 점을 깨닫게 하는
것이다.

붓다는 제자들에게 이것을 가르친 후, 2주간 선정에 들어갔다.
그런데 불행하게도 그동안 이 스님들은 부처님이 가르쳐 주신 대로
부정관을 너무 열심히 수행해서 자신의 몸이 피와 대소변 등 온갖
더러운 것들로 가득 차 있고, 죽고 난 후에는 시체가 부패되어 찢기고
짐승들에게 먹히고 결국 백골만 남는다는 것을 느끼게 되었다. 이
감정이 너무 격해져서 그렇게 더러운 삶을 사느니 이 몸을 버리는

것이 낫다면서 결국 많은 승려들이 스스로 목숨을 끊기도 하고, 또는 서로 목숨을 끊어 주거나 다른 사람에게 가사와 발우를 주면서 그 대가로 자신의 목숨을 앗아달라는 부탁을 하기도 했다. 붓다가 나중에서야 이 일이 일어났음을 알고는 바라이죄의 세 번째인 사람의 목숨을 앗는 것을 금하는 계율을 설하셨다(박스 17번). 이 일화는 스님들이 스스로 또는 타인의 도움을 받아 자살하는 것을 막기 위해 붓다가 직접 개입하는 모습을 보여주고 있다. 이것이 불교의 규범적 입장을 반영한다고 생각하는 근거이다.

〈박스 17〉 살인을 금지하는 승가의 계율, 세 번째 바라이죄

어떤 승려가 고의로 어떤 사람의 생명을 뺏거나, 자신을 위해 칼잡이가 될 사람을 구하려고 주위를 살피거나, 죽음을 찬양하거나, '오, 착한 분이시여, 이 사악하고 어려운 삶이 왜 필요하십니까? 당신에게는 삶보다 죽음이 더 낫습니다'라고 말하면서 선동하거나, 또는 여러 가지 방법으로 죽음을 찬양하거나 누군가를 죽음으로 몰고 간다면, 그는 바라이죄를 범한 것이다. 함께 살 수(共住) 없다. (Vin.iii.72)

여기서 주목할 점은 붓다가 도입한 규정은 자살 자체에 대한 것이 아니라 타인의 자살을 방조하는 것에 대한 금지 조항이라는 점이다. 그것은 아마 기술적인 이유 때문인 것 같은데, 승가의 규칙이란 이를

어기는 자에게 제재와 형벌을 부과하는 것을 목표로 마련된 것이기 때문일 것이다. 스스로 목숨을 끊은 사람의 경우에는 이러한 질문 자체를 할 수 없기 때문이다.

앞에서 예로 들었던 자기가 자기를 태우는 극단적인 자살의 형태는 초기불교 전통에는 그 전례를 찾아볼 수 없다. 동아시아의 소신공양이나 할복의 관습은 불교 바깥에서 비롯된 것이고 아마 토착 지역의 문화에 뿌리를 두고 있는 것으로 보인다. 그러나 그런 이유 때문에 자살이 부도덕하다고 말하는 것은 아니다. 다만 이런 자살의 형태가 붓다의 승인을 받았다고 말하기는 어렵다는 것이다. 그래서 동아시아의 일부 지역에서 행해졌던 자해나 인체 훼손의 사례는 특히 초기불교의 일반적인 정신인 비폭력의 강조를 고려한다면 초기불교 가르침과는 서로 상충하는 것이라 할 수 있다.

안락사

세 번째 바라이죄 조항과 관련한 조력자살에 대한 논의는 자연스럽게 안락사의 문제로 이어진다. 여기서 '안락사'란 의료적 맥락에서 고의로 작위 또는 부작위에 의한 사망을 야기하는 것을 의미한다. 우리는 여기에서 자발적 안락사, 즉 정신적으로 능력이 있는 환자가 자신의 생을 마감함에 있어 자유롭게 의료적 도움을 요청하는 경우로 우리의 논의를 한정할 것이다. 안락사의 방식에는 보통 두 가지가 거론된다. 적극적 안락사와 소극적 안락사가 그것이다.

적극적 안락사는, 예를 들어 치명적인 주사 등으로 환자를 고의적으로 죽이는 것이다. 반면 수동적 안락사는, 예를 들어 음식이나 약 또는 다른 필수품을 제공하지 않음으로써, 누락에 의해 의도적으로 죽음을 초래케 하는 것이다. 어떤 이론가들은 이러한 구분이 도덕적으로 중요하다고 보는 반면 다른 사람들은 그렇게 보지 않는다. 불교는 의도에 중요성을 둔다는 것을 감안한다면, 죽음이라는 결과가 능동적으로 이루어지는지 수동적 방법으로 이루어지는지는 거의 중요치 않아 보인다. 여기서 안락사의 정의에 대해 알아 둘 것은, 경계선상에 있는 환자에게 진통제를 투여함으로써 죽음이 재촉될 수도 있는 경우, 그것을 처방한 의사의 의도는 고통을 없애는 것이지 환자를 죽이는 것이 아니었기 때문에 그 경우를 안락사로 간주하지는 않는다.

초기불교 자료에는 '안락사'와 동의어로 쓰일 수 있는 용어가 나오지 않는다. 또한 체계적 방식으로 안락사의 도덕성에 대해 논의하는 경우도 없다. 그러나 승려들이 의료인 역할을 적극적으로 했던 점을 감안한다면, 생명의 가치에 의문이 제기되는 상황은 때때로 발생하였을 것이다. 『율장』에 기록되고 있는 다수의 사례 속에 그런 경우를 찾을 수 있다. 60여 건 정도가 나타나는데, 이 중 약 3분의 1의 경우는 승려의 의료 개입 후 사망이 발생한 경우를 다루고 있다. 그중 어떤 것은, 예를 들어 장기적으로 지속되는 말기 치료를 피하기 위해 (Vin.ii.79), 또는 환자가 심각한 장애를 가지게 되는 경우 그의 고통을 최소화하기 위해 환자가 죽는 것이 '삶의 질'의 측면에서 더 바람직하다고 여기는 경우들이다.

세 번째 바라이죄가 발생하는 그 맥락은 안락사와 관련하여 특별히 중요하다. 왜냐면 안락사는 '죽음이 삶보다 나을 것이다'라는 전제에 달려 있기 때문이다. 계율의 문구를 사용하여 본다면, 삶이 '악하고 힘들다'는 식으로 표현되는 경우이다. 앞에서 언급한 바와 같이, 이 계율은 타인의 삶을 끝내는 데 도움을 준 사람들을 특별히 겨냥하고 있는데, 이것을 율장에서는 '칼잡이 노릇을 한다'라고 부른다. 이 말은 모든 형태의 안락사에 적용될 수 있을 것이며, 죽음을 원하는 사람에게 치명적인 약물을 처방하거나, 또는 특정 약을 투여하지 않음으로써 죽는 것을 조력하는 의사들에도 적용될 것이다.

제1장에서 언급한 바와 같이 자비심은 불교의 중요한 도덕적 가치이지만, 어떤 자료에서는 고통을 완화해주는 것이 아힘사(*ahiṃsā*)의 원칙과 충돌을 일으킬 수 있다는 인식이 나타나고 있음을 알 수 있다. 예를 들어 고통을 덜어 주기 위해 자비심에서 다른 사람의 생명을 끊어주게 될 수도 있으며, 실제로 이것이 일반적으로 안락사가 옹호되는 주요 근거 중 하나이다. 『율장』에 자비심을 이유로 안락사(때로 '자비살인'이라고도 부름)를 행한 경우가 등장하는데, 이것은 살인을 금하는 계율이 선포된 후에 『율장』 속에 나타나는 첫 케이스이다 (Vin.ii.79). 이 경우 그 환자에게 죽음을 가져온 동기는 죽어가는 그 승려의 고통에 대한 연민(*karuṇā*) 때문이었다고 한다.

붓다고사의 해설에 따르면, 이 사건에서 유죄 판결을 받은 사람들은 삶을 끝내 주기 위해 직접적인 조치를 취한 것은 아니고 단지 죽어가는 승려에게 죽음이 그의 현재 상태보다 더 나을 것이라는 말만 했을 뿐이다. 언뜻 보기에 자비로운 동기에서 했음에도 불구하고, 즉 죽어가는 사람에게 불필요한 고통을 덜어 주기 위한 것이었는데, 붓다의 판단은 관련된 사람들이 세 번째 바라이죄를 지었다고 보았다. 그들은 무엇을 잘못했을까? 붓다고사의 분석에 따르면, 그들의 잘못의 본질은 그들 죄를 지은 승려들은 '죽음을 그들의 목표로 삼았다'(*maraṇa-atthi-ka*)는 점이다(VA.ii.464). 따라서 행위자의 동기의 질과 상관없이, 인간의 생명을 파괴하는 것을 목표로 하는 일련의 행동에 착수한다는 것은 불교적 관점에서 볼 때 부도덕한 것이다. 여기에서 우리는 자비는 도덕적으로 항상 좋은 동기이지만, 그 이름으로 행해지는 것이 항상 정당한 것은 아니라는 결론을 내릴 수 있다.

　안락사에 관한 논쟁에서 자주 언급되는 또 다른 도덕적 원칙은 자율성(autonomy)이다. 이것은 합리적인 개인이 내린 자유로운 선택은 존중되어야 한다는 주장과 관련이 있는데, 자신이 맞다고 생각하는 대로 자신의 삶을 처분할 권리도 포함된다. 불교의 업의 이론은 개인에게는 자유의지가 있고 자신의 도덕적 선택에 책임이 있다는 것을 가르치고 있기 때문에 이 원칙을 어느 정도 지지할 것이다. 그러나 세 번째 파라지카의 상황에서 알 수 있듯이 이 자유의 범위 내에 어느 정도 제한을 두고자 하는 것처럼 보인다. 여기에 등장하는 승려들은 우리가 보는 바로는 아주 주체적이고 이성적인 성인들이었다. 그들은 자신들의 삶이 살 가치가 없고 죽는 것이 낫겠다는 판단을 했기 때문에 죽기를 원했다. 그들은 자신의 삶의 질을 평가해서 현재의 상태를 지속할 만한 충분한 이유가 없다고 판단하여 스스로 선택을 한 것이다. 따라서 자율성의 존중이라는 측면에서 볼 때, 의지가 있는 성인으로서 자신들의 삶을 적합하다고 생각하는 대로 처분하는 것은 자신에게 달려 있기 때문에 자신의 결정은 정당하다고 여겼을 것이다. 그러나 붓다는 이에 동의하지 않았다.

오늘날 불교도들이 나서서 안락사의 합법화를 강력하게 요구하는 사례는 별로 없는 듯하다. 있다 해도 소수의 불교 단체들이 그것을 위한 캠페인을 벌인 경우뿐이다. 게다가 어떤 불교 국가에서도 안락사가 합법화된 곳은 없다. 불교도들의 경우, 말기 의료의 한 가지 방법으로 안락사를 제시하기보다는 호스피스의 이념 쪽을 많이 지지하는 것 같다. 서양에서는 샌프란시스코 젠 센터(San Francisco Zen Center)가 1971년부터 임종자들을 위한 시설의 문을 열었으며, 1987년부터는 호스피스 종사자들을 위한 본격적인 훈련 프로그램을 시작하였다. 또한 1986년 영국에는 불교 호스피스 재단(Buddhist Hospice Trust)이 설립되었다. 이 기관은 죽음과 그 과정, 그리고 사별과 관련된 제반 문제에 대해 불교적 방식의 해결책을 찾기 위해 세워졌으며, 임종이 가까운 사람이나 유족들을 요청에 따라 방문하는 자원봉사자들의 네트워크도 제공하고 있다.

생명은 무슨 수를 써서라도 보존되어야 할까?

불교는 안락사에 반대하는 입장을 취하니 그러면 어떤 대가를 치르더라도 생명은 보존되어야 한다고 보는 것일까? 붓다고사는 그의 해설서 내에서 불치병 환자의 상황에 대해서 짧지만 흥미로운 논의를 전개하면서 아래와 같은 두 가지의 대조적 시나리오를 언급하고 있다.

어떤 아픈 스님이 약을 먹고 간호는 받고 있다 하더라도 죽을 생각으로 음식을 끊으면 '돌길라'(突吉羅, *dukkata*, 가벼운 죄)가

된다. 그러나 이 스님이 중병으로 너무 오랫동안 고생을 하면 간호하는 스님들도 지쳐서, '우리가 언제 이 병을 낫게 해줄 수 있겠는가' 하는 절망적 생각을 하며 발길을 돌려버릴 수도 있다. 이 아픈 스님이 볼 때 자기를 간호하는 스님들이 지쳤고 또 집중치료를 받는다 해도 생명을 연장할 수 없는 것을 알고 음식과 요양을 사양한다면 그것은 정당하다. (VA.ii.467)

여기서 대조되는 것은, 생을 마감할 목적으로 의료를 거부하는 환자, 그리고 의료자원이 고갈된 후에 죽음의 불가피성에 체념하는 환자이다. 도덕적으로 구별되는 점은, 첫 번째 환자는 죽음을 추구하거나 '죽음을 목표'로 하는 데 반해, 두 번째 환자는 단순히 죽음이 가까이에 있고 반드시 닥칠 것이라는 것을 받아들이면서 더 이상의 치료나 영양 공급은 무의미하다고 거부하는 것이다. 그리하여 첫 번째 환자는 죽음을 바라지만, 두 번째 환자는 죽음을 추구하는 것이 아니라 자신의 상황이 의학적 도움의 범위를 넘어선다는 사실을 받아들이는 것이다.

붓다고사가 그리고 있는 이 시나리오는, 불교의 입장이 어떤 대가를 치르더라도 생명을 보존해야 할 도덕적 의무가 있다고 믿는 것은 아님을 보여준다. 죽음의 불가피성을 인식하는 것은 불교의 가르침에서 아주 핵심적인 요소이다. 죽음은 영원히 미뤄질 수 없으며, 죽음의 시기가 올 때 그것을 알아차리고 대비하도록 불교신자들은 가르침을 받는다. 치료법이나 회복의 기미가 보이지 않는데 더 높은 의학적 개입에 의존하여 자연적 생명을 연장하고자 추구하는 것은 인간의 유한성을 부정하는 것이며 그것은 갈애(*tṛṣṇā*)과 망상(*moha*)에서 비롯한 것이다.

위의 논변에 따르면, 말기 치료 상황에 있어서 어떤 환자가 '지속적 식물 상태'(PVS)으로 진단되었다면 회복 가능성이 희박한 상황에서 무리하게 계속 치료를 제공하는 것은 필요치 않다. 예를 들어 이들에게 폐렴과 같은 합병증이 왔을 때 항생제를 투여할 필요는 없을 것이다. 이 감염을 치료하지 않으면 사망으로 이어질 것도 예상되지만 그러한 어떠한 치료 과정도 전체적인 예후를 고려하여 평가되어야 한다. 환자의 전반적인 상태를 완전히 개선시키지 못할 일련의 단편적인 치료를 시작하기보다는, 이 환자의 상태가 의료적 도움의 영역을 넘어 있다는 것을 인정하고 자연적 과정이 진행되도록 두는 것이 더 적절할 수 있다.

많은 불교도들은 수명은 업에 의해 결정되며 죽음은 정해진 시간에 올 것이라고 믿는다. 자살이나 안락사를 통해 인위적으로 수명을 단축하는 것은 자신의 업에 따른 과정을 방해하는 것이라 볼 수 있다. 그러나 우리는 이 문제에 대해 판단을 내리기 전에, 앞에서 제시한 대로 각각의 사건의 동기와 그것을 둘러싼 상황을 잘 살펴 볼 필요가 있다. 우울한 십대의 비극적인 자살과 틱꽝득의 이타적인 분신과는 큰 차이가 있다. 오늘날 안락사와 의사의 조력을 받는 자살에 대한 도덕성의 문제는 뜨거운 논쟁의 주제이다. 10세기의 중국 불교도들 간에 팔다리를 태우는 것이 옳은지에 대해 당시에 의견이 일치하지 않았던 것처럼, 다른 관할권에 있는 불교도들은 이 문제에 대한 논쟁에 있어서 정반대의 입장을 가질 수도 있다.

불교는 죽음에 대해 매우 개방적이며, 따라서 신자들에게 죽음에 대해 생각하고 죽음을 현실적 방법으로 준비하라고 장려한다. 대부분의 불교도들에게 붓다의 죽음은 따라 하고자 하는 본보기가 된다. 그는 80세의 고령에 생애 마지막 몇 달 동안을 병으로 고생했음에도 불구하고 평온하게 죽음을 맞이했다. 그는 죽기 몇 달 전에 '마음속으로 삶의 원리를 거부했다'고 한다(D.ii.107). 이 말을 그가 '자살'을 했다는 의미로 해석하는 사람도 있지만, 아마도 그가 삶의 끝이 가까워졌다는 것을 받아들이고 자신의 삶을 연장시키기 위해 더 이상의 노력을 하지 않기로 결심했다는 것을 의미할 것이다. 항상 그랬던 것처럼 그는 자신보다 다른 사람들을 더 많이 걱정했다. 그는 임종의 자리에서 제자들에게 가지고 있는 질문이 있으면 여기서 마지막으로 하라고 말한다. 그렇게 더 이상 자신의 가르침에 대해 의심이 남지 않도록 마지막 기회를 주고 난 후 그는 대열반에 들어갔다.

제8장 복제(Clone), 사이보그(Cyborg), 특이점(Singularity)

불교와 과학은 지금까지 서로를 손상시키는 그런 정면충돌을 한 적은 없지만 최근 현대사회의 새로운 테크놀로지는 업이나 윤회와 같은 기본적인 불교 교리에 의문을 제기하고 있다. 더구나 정신과 신체를 향상시키는 혁신적인 방법들이 등장하면서, 일생을 바쳐 수행하지 않아도 해탈이나 영원한 삶을 얻을 수 있다는 약속도 하고 있다. 심지어 어떤 사람들은 인간이 순수하게 디지털 형태로 존재함으로써 불교의 존재 이유인 늙고 병들고 죽는 문제를 한꺼번에 그리고 영원히 해결할 수 있는 시대가 올 것이라고 말하기도 한다. 이 장에서 우리는 먼저 복제(cloning), 유전자 편집(gene editing), 그리고 신체냉동보존법 (cryogenics)과 같은 새로운 기술이 업과 윤회에 대한 전통적인 믿음에 대해 어느 정도까지 도전을 가져오는지 알아보고, 나아가 미래의 인류 진화 과정을 낙관적으로 보는 트랜스휴머니즘과 그 비전을 불교가 공유할 수 있는가를 살펴보겠다.

복제와 유전학(Cloning and genetics)

1997년 2월 24일, 복제 양 돌리의 탄생이 세상에 발표되었을 때 큰 센세이션이 일어났다. 돌리의 탄생이 이렇게 특별한 이유는, 돌리가 생명의 근본에 대한 우리의 생각을 혁명적으로 바꾸어 놓을 완전히 새로운 기술에 의해 만들어졌기 때문이다. 복제물(clone)이란 어떤 다른 개체의 유전자의 복사판을 만든 것이다. 기존의 생식에서는 각각의 부모가 아이의 유전적 정체성을 결정하는 46개의 염색체 중 23개씩을 기여한다. 그러나 복제의 경우는 단일 DNA 소스로부터 46개의 염색체를 모두 얻는 것이다.

돌리의 탄생에 대한 분노 속에서 복제술은 광범위한 비난에 직면했다. 특히 유신론적 종교계에서 극심한 반대가 일었다. 생명은 신으로부터 받은 선물이며 실험실에서의 생명을 창조한다는 것은 창조주의 신성한 권위를 찬탈하는 행위이다. 복제는 성서적 생식 모델과 상충될 뿐만 아니라, 신자들의 눈으로 볼 때 가족과 사회를 다스리는 신성한 규범을 훼손하고 위협하는 것이다.

복제의 문제를 불교적 관점에서 바라보면 이러한 신학적 반론의 많은 부분은 사라진다. 불교는 최고의 존재를 믿지 않기 때문에, 창조주 신이 자신의 일이라고 생각할 창조의 일을 인간이 복제로서 시도한다 해도 거기에 대해 불쾌감을 느낄 신은 존재하지 않는다. 또한 불교는 개인적 영혼을 믿거나, 인간이 신의 형상을 따라 만들어진 존재라고 가르치는 것도 아니다. 창조와 우주론에 대한 불교의 관점은 성경의 관점과 매우 다르며, 앞의 제4장에서 논의한 종류의 인간의 번식에 대한 규범적 원리가 수반되지 않는다. 신학적 이유가 없다면 그러면 복제를 생명을 창조하는 또 하나의 방법, 즉 다른 방법에 비해 본질적으로 더 낫거나 나쁘지도 않은 새로운 방법으로 볼 수도 있지 않을까? 서울대 복제팀의 일원이었던 서울대 의대 산부인과 문신용 교수는 〔뉴욕 타임스와의 인터뷰에서〕'복제는 생명의 재생에 대한 다른 사고 방식을 제시하는 것이다. 그것은 불교의 사고방식이다'라고 하였다. 그럴 수도 있을 것이다. 그러나 복제는 불교의 교리에도 또한 난제를 제기한다.

인간 복제에 대해 긍정적인 사례를 만든 최초의 책 중 하나는 그레고리 펜스(Gregory E. Pence)가 쓴 『누가 인간 복제를 두려워하는가』(*Who's Afraid of Human Cloning*)였다. 펜스는 다음과 같은 말로 그의 책을 시작하였다.

불교학자 도날드 로페즈(Donald Lopez)는 업의 이론(theory of karma)에 대한 진정한 문제를 내다보고 있다. 그는 복제로 만들어진 인간은 이전 사람의 업보(karma)를 물려받을 것인가라는 질문을 제기한다. 또한 그는 '그 양은 전생에 무슨 업을 지었기에 이 생에 복제로 태어났을까?'라는 질문도 던지고 있다.

첫 번째 질문에 대한 답은 비교적 간단하다. 그 답은 일란성 쌍둥이의 경우를 생각해 보면 찾을 수 있다. 복제 인간과 마찬가지로 (사실상

172

일란성 쌍둥이는 클론이라고 할 수 있다) 이 쌍둥이들은 동일한 DNA를 가지고 있지만, 그들이 동일한 업을 공유한다고 생각할 이유는 없다. 사실 붓다고사는 쌍둥이들은 신체적으로도 미세하게 다를 뿐만 아니라 행동양식도 다르다는 것 등을 말하면서, 이것은 정확히 그들의 업이 다르기 때문이라고 설명한다. 만약 일란성 쌍둥이의 경우 그들이 같은 업을 공유하지 않는다면, 복제 인간의 경우에서도 그들이 자신에게 DNA를 기증해 준 사람의 업을 공유할 것이라고 가정할 이유도 없다. 사실 불교의 가르침에서는 이 세상에 같은 업을 가진 사람은 아무도 없다는 것이 정석이다. 만일 그렇다면 그들은 같은 사람이라는 뜻이다.

두 번째 질문과 관련하여, 이 양이 전생에 무엇을 했기에 이번 생에서 복제되는 결과를 가져왔는가에 대해서는 두 가지 점을 말할 수 있다. 첫 번째, 이 질문은 카르마에 대한 오해에서 나온 것이라는 점이다. 1장에서 언급한 바와 같이 카르마는 결정론적인 것이 아니다. 따라서 복제가 된 이유가 꼭 업 때문이라고만 볼 이유는 없다. 두 번째, 불교는 과거의 원인을 밝히려고 여러 가지 궁리를 하는 것은 별로 이익이 안 되는 일로 간주한다는 점이다. 만일 카르마적 원인이 있었다고 가정하더라도, 중요한 것은 과거에 우리가 무엇을 했는가가 아니라 지금 우리가 무엇을 하느냐이다.

업이나 윤회의 문제 외에도, 복제는 여러 혼란스러운 질문들을 제기한다. 예를 들어 붓다를 복제하는 것이 가능한가? 붓다는 인간의 DNA를 가졌다는 가정 하에, 아마도 그분의 유골에서 얻은 DNA를 이용해서 복제하는 것이 불가능할 이유는 없어 보인다. 그 결과는 일란성 쌍둥이의 경우에서 볼 수 있는 것 같은 유전자적으로 동일한 사람을 만들어내는 것이 될 것이다. 그러나 흥미로운 것은 그 유사성이 순전히 물리적인 것일지, 아니면 그 복제된 붓다도 역시 깨달은 존재일지 하는 것이다. 이 질문에 대한 답은 깨달음의 상태를 이끌어내는 데 있어서 DNA가 어떤 역할을 하는지에 대한 우리의 관념과 생각에 달려 있다.

붓다는 사물의 본질에 대해 깊은 통찰력을 가지고 있었다고 하는데 그 '의식의 상태'(state of consciousness)가 DNA의 형태로 정보화될 수 있을 것 같지는 않다. 깨달음에 대한 유전적 표지자가 될 수 있는 '붓다 유전자'와 같은 것이 가능할지는 알기 어렵다. 붓다의 깨달음은 일생 동안의 수행의 결과라고 한다. 그렇다면 '붓다 유전자'를 '소유'한다는 것은 필요치 않은 일이 될 수 있다. 그리고 깨달음이 유전적 특징에 의해 정해지는 것이라면, 적절한 DNA가 없는 사람은 성불한다는 목표에서 아예 제외될 것이다. 그러나 불교에서는 절대로 누군가는 원래 날 때부터 성불이 불가능하다고 하지 않는다.

또 다른 문제점은 어떤 사람의 신체적, 정신적 특성들에 대해서, 업과 유전학이 서로 다른 설명을 제공한다는 점이다. 예를 들어 붓다는 수명(āyus), 질병(ābādha), 신체적 외모(varṇa), 지적 능력(prajñā)의 차이는 업에 의한 것이라고 설명했다(M.iii.202f). 그런데 유전학은 이러한 특성들이 상당 정도 유전자에 의해 영향을 받는 것이라고 말한다. 또한 개별 인간의 게놈은 절대적으로 부모의 DNA에 의해 결정된다고 말한다. 그러면 부모는 아이가 있기 전에 존재하기 때문에, 아직 수태되지 못한 아이의 업에서 부모로부터 물려받을 DNA가 변형

되어 나오는 것은 불가능하다. 그렇다면 붓다가 업에 귀속시킨 특성들은 실제로는 DNA에 의해 결정되는 것이 되니 결국 업의 개념은 필요 없는 것일까?

그런데 예전에 사람들은 DNA는 결정적이며 바뀌지 않는 것이라고 생각했는데, 요즘 그러한 가정은 틀린 것임이 밝혀지고 있다. 후천성 유전학(epigenetics) 분야가 부상하면서, 유전자가 발현하는 방식에는 상당한 불확실성이 있다는 것이 알려지고 있다. 2000년 인간 게놈 염기서열이 발표된 이후 의학적 진보가 급격히 일어날 것이라고 예측되었으나 지금까지 나타나지 않은 이유 중 하나가 이것이다. 강력하게 예측력을 갖는 유전자는 단 하나도 없으며, '인핸서'(enhancers)라고 부르는 유전자 스위치가 유전자를 활성화하고 비활성화하는 역할을 한다고 한다. 그런데 그 작동 방식은 아직도 잘 파악되지 않고 있다.

유전자들이 활성화된다면 환경이나 행동 같은 요인들도 유전자가 활성화되는 방식에 영향을 줄 수 있다. 따라서 같은 가족의 구성원들이면 당뇨병이나 천식의 유전적 성향을 같이 가지고 있을 수 있지만, 예를 들어 흡연이나 과다한 설탕 섭취 등의 생활 습관 요인으로 인해 그중 단 한 사람만 그런 병변을 나타낼 수 있다. 마찬가지로 지능에 대한 유전적 성향에 대해서도 모든 사람이 각자 지능을 가지고 태어나지만, 좋은 도덕적 교육에 의해 그 능력이 배양되지 않는다면 지혜라는 결실이 맺어질 수 없다.

과거의 업이 음식에 대한 기호, 생활 습관과 같은 대한 현재의 삶에서의 여러 선택에 영향을 미친다고 하니, 이 업이 앞으로의 정신적, 신체적 발달을 형성해 가는 데 어떠한 역할을 할 것이라는 것을 짐작할 수 있다. 그러나 동시에 업의 이론은 우연히 일어나는 것의 역할을 배제하지 않는다. 그렇다면 어떤 개인의 운명은 아마도 DNA에만 의해서만 결정되는 것이 아니라 유전적 성향, 생활 습관, 환경, 무작위적 사건들이 한데 모여서 서로 상호 작용하는 복잡한 방식으로 결정된다고 볼 수도 있겠다.

그러나 우리가 제기하는 문제들은 유전학을 넘어서는 것이다. 경전 자료에서는, 어떤 아이가 태어날 가족의 사회 경제적인 지위 같은 것도 업에 의해 결정된다고 한다. 앞의 제6장에서 보았듯이, 전통적으로는 죽은 자의 업식(간다르바)이 특정한 여성의 자궁에 들어옴으로써 새로운 존재로 윤회하게 된다고 한다. 그런데 수정이 침실 밖에서 일어나는 경우, 예를 들어 체외 수정(IVF)과 같은 경우는 그러한 설명이 좀 맞지 않게 된다. 윤회의 메커니즘에 대한 좀 더 설득력 있는 설명이 필요한 것 같다.

이러한 난제들을 감안하여, 일부 서양 불교도들은 업의 문제에 대해 불가지론자로 남아 있기를 선호한다. 아니면 '불교 모더니스트'로 알려진 그룹의 사람들은, 업과 윤회에 대한 믿음을 완전히 거부하고 이러한 개념들은 전통 불교에 따라오는 '문화적 보따리'(cultural baggage)이므로 이제 버려야 한다고 말한다. 그러나 전통적인 우주론적 믿음들은 불교 교리 속에 깊이 짜여 들어가 있기에 이것을 풀어내는 것은 쉽지 않다. 붓다는 깨달음을 얻던 날 밤에 여러 전생을 기억해 냈다고 하는데, 만약 우리가 이 증언을 거짓이라고 하고 거부한다면 어떤 기준을 써서 그가 가르친 다른 진술들의 진실성을 결정해야 할 지 알기 어려울 것이다.

유전자 편집(Gene editing)

유전학에서 윤리적 딜레마가 제기되는 또 다른 분야는 유전자 편집 분야이다. 이 기술의 목적은 유전자 이상을 치료하고 유전적으로 내려오는 질병을 완화하고자 하는 것이다. 이런 종류의 치료법은 '체질적인' 치료법이라고 알려져 있는데, 유전적으로 비정상적인 세포들을 수리하는 것이다. 2012년 과학자들은 유전자들을 수정할 수 있는 새로운 도구를 개발하여 분자생물학의 분야에 혁명을 일으켰다. 이것을 앞 글자를 따서 크리스퍼(CRISPR, Clustered Regularly Interspaced Short Palindromic Repeats)라고 부르는데 동물이나 식물, 그리고 인간의 유전자를 마음대로 자르고 붙이도록 해주는 '분자 가위'라고 말한다. 이 기술은 비교적 간단하며 많은 잠재적 쓰임새가 있다. 예를 들어 면역 체계가 암세포를 공격하는 것을 차단하는 유전자들을 없앤다거나, 겸상 빈혈이나 두첸 근육퇴행증과 같은 질병의 원인이 되는 유전자들을 수정하며, 새로운 항생제를 생산하고, 모기가 옮기는 질병을 없애고, 농작물에서 바이러스를 제거하는 등의 여러 방면에서 사용될 수 있다는 희망이 나오고 있다.

　이러한 식으로 유전자를 조작하는 것이 어떠한 결과를 가져올지는 아직 완전히 파악되지 않고 있다. 암과 같은 병리로 이어질 수 있는, '타깃을 벗어난' 돌연변이가 생기는 부작용의 가능성도 있다. 이 같은 위험 때문에 이것을 연구하는 선도 과학자들은 2015년에, 이 기술을 생식 세포나 배아 세포의 수정에 사용하는 것, 즉 '생식 계열'(germ line)의 편집이라고 부르는 이 기술의 사용을 당분간 유예하기로 동의

하였다. 이것은 이렇게 해서 변형된 인간 게놈이 미래 세대에 전해져서 인간 유전자의 집합의 구성을 바꾸게 되는 예측 불가능한 결과가 가져올 위험을 피하기 위해서였다. 그러나 2018년, 중국의 과학자 허지안쿠이(何建奎)는 이런 유예 조항을 깨고 세계 최초의 유전자 변형 아기인 룰루와 나나라는 별명의 쌍둥이 소녀의 탄생을 발표하였다.

허 박사는 이 아기들의 배아 세포들이 HIV 바이러스에 저항력을 갖도록 배아의 유전자를 변형시켰다. 이 실험에 대한 광범위한 비난에도 불구하고 그는 '윤리는 우리 쪽 역사의 편에 서 있다고 믿는다'고 말했다. 이러한 연구를 지지하는 사람들은, 생식 계열 치료는 위험성이 크지만 그 잠재적인 이점도 크기 때문에, 미래의 자손들을 유전병의 고통으로부터 해방시킬 수 있다는 전망 때문에서 앞으로 실험을 계속하는 쪽으로 기울게 될 것이라고 말한다.

불교적 관점에서는 유전자 편집의 윤리에 대해 어떻게 말할 수 있을까? CRISPR 기법이 치료에 동의하는 환자들의 유전적인 이상을 치료하기 위해 사용된다면 큰 문제가 없을 것 같아 보인다. 그러나 이것이 생식 세포 치료에 사용된다면, 불교도들도 앞에서 언급한 DNA를 변형하여 유전시키는 것에 대한 염려와 같이 유보적 입장을 가질 것이다. 게다가 부모가 요구하는 사항에 맞춘 지적 능력이나 운동 신경을 지닌 '디자이너 베이비'를 만들어내는 것에 대한 염려도 있다. 이와 관련하여 다양한 우려의 목소리들이 표명되었다. 이 아기는 단순히 테크놀로지가 만들어낸 생산물이라는 점에서 이것은 인간 존엄성을 침해하는 일이다라는 의견부터, 1930년대와 1940년대 유럽 사회에 나타났던 우생학 프로그램을 다시 하자는 것이냐는 등의 우려이다. 이 기술에 접근할 수 있는 사람은 제한적일 것이므로 이 같은 불평등 때문에 여러 종류의 계층이 생길 수 있다는 것이다. 과학자 스티븐 호킹(Stephen Hawking)은, 사회에서 가장 부유한 사람들이 곧 그들의 자손의 DNA를 편집하여 초인간 종족을 만들어내어 인류를 유전자 측면에서 '가진 사람들'과 '가지지 않은 사람들'로 나누게 될 것이라는 예언을 내놓기도 하였다.

이 기술 자체를 둘러싼 위험과는 별개로, 이런 종류의 어떠한 실험도 다른 활동에도 적용되는 것과 동일한 도덕적 기준을 지켜야 할 것이다. 불교적 관점에서 보면, 관련된 사람들의 동기가 건전해야 하며(탐·진·치, 즉 탐욕과 증오 그리고 망상으로부터 자유로운), 그리고 자신의 연구결과가 개인과 사회 전반에 걸쳐 가져올 예측 가능한 결과들을 합리적으로 고려해야 한다는 뜻이다. 우리가 보았듯이 모든 과학적 연구가 이 기준에 부합하는 것은 아니다. 허 박사를 둘러싼 스캔들은 이전에 2004년 인간 배아 복제에 성공했다고 거짓 주장한 황우석 박사의 연구를 연상시킨다.〔역주: 중국의 허 박사는 3년간의 감옥살이에서 풀려나 2018년에 다시 실험을 독자적으로 재개했다. 최근 2023년 6월 8일자 미국 NPR과의 인터뷰에서 그때 만든 그 아기들은 잘 자라고 있다고 대답했다. https://www.npr.org/2023/06/08/1178695152/china-scientist-he-jiankui -crispr-baby-gene-editing〕

신체냉동보존법(Cryonics)

유전자 연구는 질병을 치료하고 수명을 늘리는 방법을 제공하지만 그 외 다른 일들도 많다. 미국 애리조나 주 소재 알코어 생명 연장 재단(Alcor Life Extension Foundation)은 냉동학에 대해, '미래에 기술이 이용 가능해지면 다시 회복할 의도로, 인간의 생명을 극저온에서 보존하는 과학'이라고 정의한다. 냉동 보존은 이미 죽은 사람을 냉동시 켜서 나중에 소생시키는 것을 목표로 하는 실험적 기술이다. 머리 또는 전신이 냉동된다. 오늘날 배아를 냉동하고 소생시키는 일은 일상적으로 이루어지고 있기에 장기간에 걸쳐 가사상태(假死狀態, 'suspended animation')로 생명이 유지될 수 있음을 보여준다. 그러나 인간의 장기를 냉동 보존해서 이식까지 할 수 있는지는 아직 증명되지 않았다.

어떤 연구자들은 뇌의 경우는 냉동술을 써서 뇌 자체를 소생시킬 필요도 없고 뇌 속에 담긴 정보를 보존하기만 하면 나중에 다운로드 받을 수 있다고 주장한다. 이 이론의 관점에서는, 성격이나 기억, 또는 기능은 뉴런들 사이의 연결 또는 패턴의 형태로 정보화되어 있으며 장기 속에 들어 있는 것이 아니다. 2018년 냉동생물학 회사인 '21세기 의학'(21st Century Medicine)에서 일하는 과학자들은 돼지의 뇌를 얼렸다가 다시 녹이는 데 성공했는데, 그 코넥텀(connectome, 뇌의 신경연결배선도)이 온전했다고 한다. 이 이론이 맞다면, 뇌의 150조 개의 연결마디에 저장된 정보는 복구될 수 있으며, 또한 새로운 물리적 혹은 가상의 신체로 업로드 될 수 있다는 것을 의미한다.

하지만 여기서 극저온 냉동법이 성공적인 것처럼 보인다 하더라도, 여러 가지 고려되어야 할 사회적 측면들이 있다. 예를 들어 냉동되어 얼었다가 친구나 가족이 없는 먼 미래에 깨어나서 그 속에서 어떻게 살아나갈 수 있을지, 그리고 그렇게 깨어났을 때 그 사람이 기대했던 진심 어린 환영을 받을 수 있을지, 그것은 알 수 없는 것이다. 그럼에도 불구하고 기꺼이 그 위험을 무릅쓰려는 사람들이 많다. 현재 거의 미국에서 300명, 러시아에서 약 50명이 냉동실에 들어가 있으며, 구글의 엔지니어링 디렉터인 레이 커즈와일(Ray Kurzweil)을 포함한 수천 명의 사람들이 이 시술에 등록을 해 놓았다.

여기서 다시 한 번 우리는 이 새로운 기술이 윤회설과 배치되는지를 질문해 볼 만하다. 불교는 사후에 곧 윤회의 과정이 일어난다고 하는데 (즉각적으로 혹은 늦어도 사후 40일 후에), 만일 한 사람의 의식이 이미 몸을 떠났다면 그 죽은 사람이 이미 다른 곳에서 다시 태어났을 것이기 때문에 얼어붙은 뇌나 몸이 소생하는 것은 불가능할 것이다.

물론 많은 것이 우리가 이해하는 '죽음'이라고 하는 것이 무엇인가 하는 데 달려 있지만, 오늘 죽었다고 선고된 사람이 미래에 소생할 수도 있다. 만약 그러한 환자가 뇌가 상하기 전에 냉동 보관된다면(그 환자는 성공 가능성을 높이기 위해 합법적인 안락사를 선택할 것이다), 미래의 시점에서 소생할 수 있다고 전망하는 것이 가능하다. 그런데 만일 냉동 보관된 환자가 몇 세기 후에 성공적으로 소생한다면, 불교의 관점에서 본다면 그 환자가 결코 사망했던 것이 아니라고 말할 수 있을지도 모른다. 여기서 일어난 일이란, 그 사람이 장기생명유지 장치에 올려졌는데 여기에 죽은 사람은 없기 때문에 아무도 다시 태어나지 않은 것이다. 그러면 그때 소생된 환자는 '죽은' 사람과 동일한 것이다.

이러한 논변을 더 밀고 가보면, 우리는 죽은 사람의 의식이 인공

신체에서 윤회할 수 있는지에 대해서도 질문을 해 보아야 할 것이다. 아마도 탄소 기반이든 실리콘 기반이든, 모든 신체는 단순히 윤회의 플랫폼이라고 생각하는 것이 가장 좋을 것이다. 지금까지 보아서는 후자는 아직 안 되고 있지만, 사이버네틱스의 발전이 그것을 바꿀지도 모른다. 달라이 라마를 포함한 티베트 라마들은 정신적으로 진보한 사람은 탄소 기반 대신 일부러 실리콘 기반의 신체를 선택할 것이라고 생각할지 모르겠다(환경오염을 줄이기 위해).

트랜스휴머니즘(Transhumanism)

유전학, 신경과학, 인공지능, 그 외 새로운 기술들이 우리가 자신에 대해 생각하는 방식에 혁명을 일으키고 있는 것은 분명하다(그림 9 참조). 트랜스휴머니스트들은 인간이 가진 현재의 많은 한계를 극복하고 진화적으로 엄청난 도약을 시작할 바로 그 전환점에 우리가 와 있다고 본다. 신체는 생체공학적인 팔다리로 강화될 것이고, 두뇌는 지능과 인지 능력을 증가시키는 사이버네틱 임플란트(cybernetic implant)와 나노봇(nanobot)에 의해 증진될 것이다. 막스 모어는 트랜스휴머니즘을 이렇게 설명하고 있다:

> 트랜스휴머니즘(Transhumanism)은 생명철학의 한 부류로서, 생명 보호의 원칙과 가치관에 기반한 과학과 기술의 도움 속에서 현재의 인간의 형태와 한계를 넘는 지적인 생명의 지속과 상승을 추구한다. (Max More, 1990)

〈그림 9. 2019년 2월 23일 교토의 고다이지(高台寺)에서 관음보살의 모습을 본뜬 로봇이 첫 설법을 하고 있다.〉

　많은 이들은 생물학적 불멸을 얻는 것은 현실적이며 시도해 볼 만한 목표라고 생각한다. 어떤 트랜스휴머니스트들은 인공지능(AI)과 로봇공학 분야 간의 합병을 상상하면서, 이것이 '특이점'(Singularity) (그림 10 참조)의 형태로 정점에 이를 것이라고 말한다. 즉 인간의 의식과 기계의 의식이 결합하여 '사이보그'라고 하는 새로운 혼합 형태의 삶의 형태를 만들어낸다는 것이다. 이 초지능적이고 죽지 않는 존재들은 보통 인간에게는 불가능한 행복과 충족을 누릴 것이라고 그들은 믿는다. 이러한 비전의 너머에는, 인공지능이 호스팅하는 가상현실 속에 사는 완전히 새로운 형태의 존재인 신체 없는 '디지털 인간'의 창조가 그들의 궁극적인 목표이다. (이 인공지능이 자애로운 마음을 가지고 있기를 바라자!)

〈그림 10. 레이 커즈와일(Ray Kurzweil)은 특이점이 이미 가까이에 와 있다고 믿는다〉

 2015년에 윤리적 의식을 가지고 인공지능의 발전을 도모하고자
하는 전문가들과 기업가들로 구성된 일군의 사람들이 '오픈AI'(Open-
AI)라는 조직을 결성하였다. 초기 자금 10억 달러로 시작한 이 단체의
목적은 이해관계자들 간의 대화를 촉진함으로써 악의적인 슈퍼 인텔리
전스가 우발적으로 생성되어 인류를 파괴하는 사태가 발생하지 않기를
기대하는 것이다. 기계에게 윤리적으로 행동하도록 가르치고, 또 그
기계를 프로그램하는 사람들이 가질 수 있는 인간적 편견과 선입견을
피하도록 하는 것은 정말 어려운 도전이며 신중하게 생각해야 할

문제이다.

23명의 트랜스휴머니스트 사상가들에 의해 1998년에 '트랜스휴머니스트 선언'(Transhumanist Declaration)이라는 입장문의 초안이 작성되었는데, 이 입장문이 트랜스휴머니스트의 이상을 지지하는 단체인 '휴머니스트 플러스'(Humanity Plus)의 플랫폼 역할을 하고 있다. 이 선언문은 제1조에서 '고령화, 인지적 결함, 비자발적 고통, 지구인이라는 한계를 극복하고, 인간의 잠재력을 넓히는 가능성'에 대해 말하고 있다. 이를 달성하기 위한 수단으로 '기억, 집중력, 정신적 에너지를 보조하는 기술, 수명을 연장하는 치료법, 생식 선택의 기술, 냉동 기술, 그리고 기타 가능한 인간 변조 및 향상을 위한 기술'을 들고 있다(제8조).

그 선언문의 몇몇 조항들은 윤리적인 가치에 대해 언급하고 있다. 예를 들어 제7조에서는, '정책 수립은 책임감 있고 포괄적인 도덕적 비전에 의해 인도되어야 하고, 기회와 위험 둘 다를 진지하게 고려하고 자율성과 개인의 권리를 존중하며, 전 세계 모든 사람들의 이익과 존엄성에 대한 연대와 염려를 보여주어야 한다'고 명시한다. 또한, '우리는 또한 미래에 존재할 세대들에 대한 도덕적인 책임들을 고려해야만 한다'고 덧붙였다. 같은 맥락에서 제8조는, '우리는 인간과 인간이 아닌 동물들, 그리고 미래의 인공지능, 변형된 생명 형태, 또는 기술과학의 발전이 만들어낼지 모르는 여러 다른 종류의 지능체들 등 모든 지각력을 가진 개체들의 웰비잉을 옹호할 것이다'라고 다짐하고 있다. 이 목표들에 대해서는 나중에 더 논의하겠다.

뉴로다르마(Neurodharma)

앞서 논의한 선언문에서 보듯이 트랜스휴머니즘의 목표는, 불교의 사성제四聖諦 중 첫 번째 고제苦諦에서 구체적으로 언급되는 행복에 대한 장애물, 즉 고통, 괴로움, 병, 죽음 등을 극복하자는 것이다. 이 때문에 어떤 사람들은 불교와 트랜스휴머니즘의 목표가 서로 만나는 부분이 있다고 본다.

불교 명상가들은 한동안 신경가소성(neuroplasticity), 즉 뇌가 스스로를 변화시킬 수 있는 능력을 탐구하기 위해 '스님과 실험실'(lama and lab)이라는 단체와 협력하여 신경과학자 팀과 함께 일해 왔다. 달라이 라마는 자신을 가리켜서 '나는 절반은 불교 승려, 절반은 과학자'라고 자랑스럽게 말한다. 숙련된 명상 수행자들의 도움 덕분에 서양 과학자들은 명상이 실제 어떻게 사람의 뇌에 작동하는지에 대해 상당한 이해를 얻게 되었다. 이 같은 연구 결과에 근거하여 어떤 과학자들은 이제 전통적인 명상 수행을 요즘 떠오르는 분야인 신경 기술들과 통합해서, 자기 통제, 자비심, 통찰력을 강화하는 데 쓸 수 있다고 한다.

그 점에서 많은 앱들과 장치들이 개발되고 있다. 다리를 틀고 몇 시간씩 불편한 시간을 보내지 않아도 '뇌를 해킹'해서 명상이 주는 혜택을 경험하게 해주려는 것이다. 아직은 이 장치들이 거칠지만 앞으로 더 정교하게 발전하면 높은 선정(禪定, *dhyana*), 또는 섬광과도 같이 통찰력을 얻는 것이 가능할지도 모른다. 더 나아가 깨달음, 그것은 왜 안 되겠는가?

제임스 휴즈(James J. Hughes)와 마이클 라 토라(Michael La Torra)와 같은 불교 트랜스휴머니스트들은 현재 등장하고 있는 신기술들이 영적인 성장을 위한 능력을 극대화하는 환경을 조성하는 데 도움을 주리라 믿는다. 휴즈는 '윤리와 새로운 테크놀로지 연구소'(Institute for Ethics and Emerging Technologies)의 공동 설립자이며 이 연구소의 '사이보그 붓다'(Cyborg Buddha) 프로젝트의 참가자이기도 하다. 그는 신경기술, 자극의 사용, 총명제('smart' drug), 그리고 지능을 강화하는 다른 정신 활성화 물질의 사용을 통해 정신적 성장이 가능하다고 믿는다. 마치 항우울제가 우울증을 가진 사람들이 정상적인 삶을 영위하도록 돕는 것처럼, 뇌의 화학적 물질을 약간 조정함으로써 사람들이 이 세상을 좀 더 깨달은 눈으로 볼 수 있게 하는 촉진제가 될 것이라 한다. 그러한 증강의 효과가 영구적으로 지속되지 않을지는 모르지만, 그것만으로도 삶을 바꾸는 경험이 될 가능성이 충분하다는 것이다.

우리는 앞의 제2장에서 불교윤리에서의 도덕적 덕목이 얼마나 중요한지를 논의한 적이 있는데, 휴즈는 '덕성 엔지니어링'(virtue engineering)이라는 테크놀로지의 사용을 통해 도덕적 향상도 가능하다고 본다. 예를 들어 자비심에 대해 유전적으로 물려받은 성향에 영향을 주고 그것을 신경화학을 통해 활성화시킨다면, 유전공학과 신경공학의 결합을 통해 자비심을 경험하고 표현하는 경향을 일관성 있게 강화시킬 수 있을 것이라고 한다.

지금까지 도덕적 향상을 둘러싼 대부분의 논의는 공감(emphathy)을 증진시키는 일에 집중되어 왔지만, 휴즈(Hughes)는 성숙한 도덕적인 성격을 갖기 위해서는 자기 통제, 자비심, 그리고 지혜와 같은 다양한 덕목들의 같이 결합되어야 한다는, 상당히 합리적인 주장을 내 놓았다. 그는 이러한 덕목들 중 어떤 것들은 전자적, 약물적, 그리고 유전적 기술에 의해서 향상될 수 있다고 믿는다. 예를 들어 양심과 자기 절제는 도파민 수용체와 연결되는 것처럼 보이고, 옥시토신 호르몬은 신뢰와 유대감을 유도하며, 분노와 공격성은 모노아민 산화효소 A 유전자(MAOA)에 영향을 받는 것 같다. 그러나 여기에 대해 반대하는 사람들은, 건전한 도덕적 판단은 감정, 동기, 그리고 인지적 요소의 삼자 간에 균형에 달려 있기 때문에, 이 중 하나의 요소가 바이오기술에 의해 향상된다면 오히려 왜곡된 도덕적 양심이 나타날 수도 있다고 지적한다.

우려의 목소리

어떤 불교인들은 이렇게 덕성을 인위적으로 고양시킨다는 것에 우려를 표시하며, 불교의 오계 중의 다섯 번째 불음주계不飮酒戒가 정신을 흐리게 하는 약물 사용을 금지한다는 점을 강조한다. 그러나 불교는 약의 사용을 금지하는 것은 아니다. 단지 약을 먹는 것이 몸을 낫게 하기 위해서인지, 아니면 '약에 취하기' 위한 것인지의 차이이다. 단순히 쾌락을 경험하는 것을 목적으로 하는 것이 아니라면, 깨어 있음' (self-awareness)을 증진하는 비중독성 물질의 사용이 다섯 번째 계율에 걸리지 않을 수도 있다. 계율이 반대하는 것은 결국 마음챙김을 놓치게 할 수 있는 물질의 섭취이다. 마음챙김을 높인다면 그것은 계율의 정신과 일치할 것이다.

또한 '치료'와 '향상' 사이에는 구분이 그어질 수 있다. 흔히 의학의 과제는 개선에 있기보다, 잘못된 것을 고치는 데 있는 것으로 생각한다. 그러나 둘 사이의 경계는 모호하다. 예를 들어 오늘날 사용되고 있는 티타늄 정형외과용 임플란트는 자연이 제공하는 관절보다 더 내구성이 있다는 점에서 치료이자 향상이기도 하다. 더군다나 기술이 발전함에 따라 오늘날에는 향상으로 보이는 일이 내일에는 일상적인 시행되는 치료법이 될 수도 있다.

도덕적 향상과는 별개로, 트랜스휴머니스트의 중심 목표는 수명 연장이다. 칼리코(Calico, The California Life Company)는 노화와 그 영향을 퇴치하기 위한 방법을 찾기 위해 구글(Google) 설립자들이 2013년에 설립한 회사로, 매년 RAAD('Revolution Against Aging and Death') 회의를 개최해서 수명 연장을 위해 발명된 최신 기술을 선보이고 있다. 노화를 억제하는 프로바이오틱스, 파라비오시스(몸에 젊은 혈구를 주입하는 것), 그리고 텔로미어(노화에 영향을 미치는 세포의 일부)를 보호하기 위한 약물과 장치 등이다.

불교는 근본적으로 더 오래 살겠다는 것을 반대하지 않으며, 불교 의학의 기본 목표는 수명을 연장하는 것이다. 장수가 가능해져서 보살의 길을 실천하려는 사람들이 오래 살게 된다면, 수명이 짧을 때보다 좋은 일을 더 많이 할 수 있을 것은 분명하다. 더욱이 불교 신화에서는 인간의 수명은 탄력적이어서 우주의 순환에 따라 늘어날 수도 짧아질 수도 있다고 한다. 천신들의 수명은 인간의 수명보다 몇 배나 더 길다. 물론 수행론의 관점에서 볼 때, 수명이 길게 연장된다고 반드시 좋은 것은 아니다. 인간의 삶을 통해 생로병사의 고통스러운 현실들을 마주하는 '현실 인식'을 얻을 수 있고, 또 무상無常을 경험함으로써 깨달음을 얻을 수 있으니 좋다는 것이다. 죽음은 어쩌면 굴 껍질 속에 들어 있는 작은 돌가루와 같은 것으로, 그것이 지혜의 진주를 만들어내고 삶에 의미를 부여하는 것일지 모른다. 철학자 버트런드 러셀(Bertrand Russell, 1872~1970)은, '내가 만일 영원히 산다면, 그 끝에 가면 결국 삶의 기쁨이 가지는 달콤한 맛은 없어질 것이다. 삶은 현재 자체로서 영원히 신선한 맛을 가진다'라고 하였다.

트랜스휴머니스트들의 불멸 이론에 대한 또 다른 반대는 영원히 살고자 하는 욕망은 잘못된 생각이라는 것이다. 왜냐하면 그러한 욕망은 불교에서는 부정하는 자아의 존재를 염두에 두는 것이기 때문이다. 이에 대해 트랜스휴머니스트들은, 삶의 외연을 연장한다는 것은 불변의 자아를 보존하겠다는 뜻이 아니고, 자신의 성격과 기억을 사이버 호스트에 업로드하거나 더 높은 지능과 결합함으로써 다른 사람들과의 더 큰 연결을 가능케 하려는 것이라고 대답한다. 거대한 연결망의 일부가 됨으로써 자아의식은 줄어들 것이다. 실제로 신체를 느끼는 것은 무아의 인식에 중대한 장애물이다. 게다가 깨어 있는 존재들끼리 연결망을 이룬다면 그들이 깨달음을 얻을 전망은 더욱 커질 것이다. 깨달음을 얻은 스승의 마음에 24시간 내내 연결되어 있는 것보다 더 도움이 되는 일이 어디에 있겠는가?

트랜스휴머니스트의 생각은 분명 매혹적이다. 누가 죽음이나 고통이 없는 세상에서 살고 싶지 않겠는가? 그러나 어떤 사람들은 트랜스휴머니스트 선언에서 말하는, '모든 존재의 웰비잉'을 추구한다는 공리주의적 사명과 '자율성과 개인의 권리를 존중'한다는 입장 사이에는 긴장 관계가 불가피하다고 생각한다. 또 이것을 비판적으로 보는 사람들은 미래에 대한 전망을 가진 사업가들이 이끄는 대기업들에 의해서 부자들에게만 이 새로운 기술을 시행됨으로써 개인의 권리와 자유는 필연적으로 옆으로 밀려날 것이라고 주장한다.

정치학자 위르겐 하버마스(Jürgen Habermas)와 프란시스 후쿠야마 (Francis Fukuyama)는 정치적 이념으로서의 트랜스휴머니즘이 자유주의 국가의 가치를 훼손하고 디스토피아적 사회로 이어질 것이라고 우려를 표명했다. 후쿠야마는 올더스 헉슬리(Aldous Huxley)의 『멋진 신세계』(*Brave New World*, 1932)에 그려진 것처럼 시민들이 유순하고 관리하기 쉬워지도록 인간 본성이 재편성된다면 그 사회가 어떻게 될 것인지를 묻는다. 그는 트랜스휴머니티의 사회 공학은 비인간화와 전체주의로 가는 은밀한 뒷문이 될 수 있다고 경고한다. 그러나 휴즈와 같은 옹호자들은, 트랜스휴머니즘이 갖는 공리주의적 목표는 개인적 덕성이 점차 발전함에 따라 균형이 이루어질 것이라고 믿는다.

어떤 이들은 트랜스휴머니스트 선언의 뒷면에는 과학적 추론을 궁극적인 권위로 세우면서 종교적 혹은 영적 진리에 근거한 믿음 체계를 폄하하는 태도가 숨어 있다고 한다. 이 반대론자들은 인간의 문제들을 고치는 가장 좋은 방법은 과학과 기술을 통해서라는 트랜스휴머니스트의 주장을 받아들이지 않는다. 그들은 바퀴의 발명 이래 인류 역사에 많은 기술적인 발전이 계속적으로 이루어졌지만 그 어떤 것도 인간 고통의 문제를 극복하지는 못했다고 지적한다. 많은 기술적 발전은 사실 양날을 가진 칼이었다는 것이다. 원자를 쪼개는 기술 때문에 핵에너지와 원자폭탄이 만들어졌고, 자동차의 발명은 사람들의 이동성을 증가시켰지만 이것은 결국 이산화탄소 배출의 결과를 낳았다. 마찬가지로 신체와 분리된 마음은 단순히 새로운 형태의 신경증을 만들어낼 수도 있고, 사이버 공간에서 서로 간에 분리된 마음으로 이루어진 네트워크는 정신분열증 환자의 다중 성격과 비슷한 것이 될 수도 있다. 심지어 가장 정교하게 만들어진 인공지능에서도 결함이 발생할 수 있는 것이다. 소프트웨어와 하드웨어를 계속 업그레이드해야 하고 이것이 계획한 대로 진행되지 않을 수도 있다. 결국 고苦라는 것은 인간의 삶에 항상 동반되는 병과 같은 것이라서 테크놀로지를 통해서는 해결되지 않는 것일 수 있다. 불교는 인간의 고를 줄이겠다는 트랜스휴머니즘의 목표에 공감할 수는 있지만 특이점을 열반의 대안으로 삼을 수는 없을 것 같다.

참고문헌

제1장 불교의 도덕관

A translation of the *Dhammapada* is available online at 〈https://www.accessto-insight.org/tipitaka/kn/dhp/dhp.intro.budd.html〉; M. Cone and R. Gombrich (trans.), *The Perfect Generosity of Prince Vessantara* (Oxford: Clarendon Press, 1977); M. Tatz, *The Skill in Means (Upāyakauśalya) Sūtra* (New Delhi: Motilal Banarsidass, 1994); a translation of the *Lotus Sūtra* (from Tibetan) is available online at 〈http://read.84000.co/translation/toh113.html〉.

제2장 동서의 윤리사상

W. L. King, *In the Hope of Nibbana: The Ethics of Theravāda Buddhism* (La Salle, Ill.: Open Court, 1964); for a Kantian interpretation see P. Olson, *The Discipline of Freedom: A Kantian View of the Role of Moral Precepts in Zen Practice* (Albany, NY: State University of New York Press, 1993); for Buddhism as a form of negative utilitarianism see D. Breyer, 'The Cessation of Suffering and Buddhist Axiology', *Journal of Buddhist Ethics* 22 (2015), 533-60; the quote from Christopher Gowans is taken from C. Gowans, 'Buddhist Moral Thought and Western Moral Philosophy', in Jake H. Davis (ed.), *A Mirror is for Reflection: Understanding Buddhist Ethics* (New York: Oxford University Press, 2017), 53-69, 60; I. B. Horner (trans.), *Milinda's Questions: Milindapañha*, 2 vols (London: Pali Text Society, 1964); Lucius Annaeus Seneca, *Letters from a Stoic*, trans. Robin Campbell, reprint edn (Harmondsworth: Penguin Books, 1969); Marcus Aurelius and Diskin Clay, *Meditations*, ed. Martin Hammond (London: Penguin Classics, 2015); Plato, *Euthyphro. Apology. Crito. Phaedo*, trans. Christopher Emlyn-Jones and William Preddy, bilingual edn (Cambridge, Mass., and London: Harvard

University Press, 2001); C. Hallisey, 'Ethical Particularism in Theravāda Buddhism', *Journal of Buddhist Ethics* 3 (1996), 32–43, 37; W. D. Ross, *The Right and the Good* (Oxford: Oxford University Press, 2002); for Buddhist ethics as a form of 'character consequentialism' see C. Goodman, *Consequences of Compassion: An Interpretation and Defense of Buddhist Ethics* (Oxford and New York: Oxford University Press, 2009); A. Sen, *Human Rights and Asian Values* (New York: Carnegie Council on Ethics and International Affairs, 1997); the Dalai Lama is quoted in D. Keown, C. Prebish, and W. Husted, *Buddhism and Human Rights* (London: Curzon Press, 1998), xviii; S. B. King, *Being Benevolence: The Social Ethics of Engaged Buddhism* (Honolulu: University of Hawai'i Press, 2005), 139; P. A. Payutto is quoted in Martin Seeger, 'Theravāda Buddhism and Human Rights: Perspectives from Thai Buddhism', in Carmen Meinert and Hans-Bernd Zollner (eds), *Buddhist Approaches to Human Rights* (New Brunswick, NJ, and London: Transaction Publishers, 2010), 63–92, 82f.; H.-G. Gadamer, *Philosophical Hermeneutics*, trans. and ed. David E. Linge, 30th Anniversary edn (Berkeley: University of California Press, 2008), 7.

제3장 동물과 환경

L. White, Jr, 'The Historical Roots of Our Ecological Crisis', *Science* 155 (10 March 1967), 1203–7; Bodhi and Buddhaghosa (eds), *The Suttanipāta: An Ancient Collection of the Buddha's Discourses: Together with its Commentaries, Paramatthajotikā II and Excerpts from the Niddesa* (Sommerville, Mass.: Wisdom Publications, 2017); on the 'hermit strand' see L. Schmithausen, 'The Early Buddhist Tradition and Ethics', *Journal of Buddhist Ethics* 4 (1997), 1–74; the *Jīvaka Sutta* is available online at ⟨https://www.accesstoinsight.org/tipitaka/an/an08/an08.026.than.html⟩; *A Buddhist Declaration on Climate Change* is available at ⟨http://gbccc.org⟩; P. Brancaccio, 'Angulimāla or the Taming of the Forest', *Philosophy East and West* 49, no. 1/4 (1999),

105-18, 116f.; I discuss the concept of 'karmic life' in D. Keown, *Buddhism and Bioethics* (London: Palgrave, 2001), 46-50; resources for Buddhists seeking to minimize carbon pollution include Ecobuddhism.org and OneEarth-Sangha.org.

제4장 성과 젠더

Maurice Walshe (trans.), *Long Discourses of the Buddha: Translation of the Dīgha-Nikāya*, 2nd rev. edn (Boston: Wisdom Publications, 1996); for the *Abhidharmakośa-bhāṣya of Vasubandhu*, see L. de la Vallée Poussin, P. Pradhan, and S. Jha, *The Abhidharmakośa of Vasubandhu, with the Commentary* (Patna: K. P. Jayaswal Research Institute, 1983); sGam Po Pa and H. V. Guenther, *The Jewel Ornament of Liberation* (Boston: Shambhala, 1986), 76; J. Powers, *Bull of a Man* (Cambridge, Mass., and London: Harvard University Press, 2012); on *paṇḍakas*, see P. Harvey, *An Introduction to Buddhist Ethics: Foundations, Values and Issues* (Cambridge: Cambridge University Press, 2000), 434; L. Zwilling is quoted in the same volume (Harvey, *An Introduction to Buddhist Ethics*), 416; J. I. Cabezon, *Sexuality in Classical South Asian Buddhism* (Somerville, Mass.: Wisdom Publications, 2017); for the view that *paṇḍakas* were simply a class of males who suffered from a reproductive disorder see Paisarn Likhitpreechakul, 'Semen, Viagra and *Paṇḍaka*: Ancient Endocrinology and Modern Day Discrimination', *Journal of the Oxford Centre for Buddhist Studies* 3 (2012), 91-127; documentation related to a report into Rigpa by British law firm Lewis Silkin, with the response from Rigpa, is available online ⟨https://www.rigpa.org/independent-investigation-report⟩; J. Gyatso, 'Sex', in D. Lopez (ed.), *Critical Terms for the Study of Buddhism* (Chicago: University of Chicago Press, 2005), 271-90; for the feminist view of Rita Gross see R. M. Gross, *Buddhism After Patriarchy: A Feminist History, Analysis, and Reconstruction of Buddhism* (Albany, NY: State University of New York Press, 1992).

제5장 전쟁, 폭력, 테러리즘

A history of recent wars is recorded by the Imperial War Museum 〈https://www.iwm.org.uk/history/timeline-of-20th-and-21st-century-wars〉; K. R. Norman, *The Word of the Doctrine (Dhammapada)*. Pali Text Society Translation Series No. 46 (Oxford: Pali Text Society, 2000); a public domain translation of the *Dhammapada Commentary* is available online at 〈http://www.aimwell.org/Dhammapada%20and%20Commentary.pdf〉; an online facsimile of the six-volume translation of the *Jātaka* by E. B. Cowell is available at 〈https://archive.org/details/jatakaorstoriesofb01cowe〉; various print and online editions of the *Mahāvaṃsa* are available, see 〈https://maha-vamsa.org/〉; S. Collins, *Nirvana and Other Buddhist Felicities: Utopias of the Pali Imaginaire* (Cambridge: Cambridge University Press, 1998), 420ff.; E. Ford, *Cold War Monks: Buddhism and America's Secret Strategy in Southeast Asia* (New Haven: Yale University Press, 2018); M. Jerryson, 'Buddhism, War, and Violence', in Daniel Cozort and James Mark Shields (eds), *The Oxford Handbook of Buddhist Ethics* (Oxford: Oxford University Press, 2018), 453–78, 454; Takuan quoted by P. Harvey, *An Introduction to Buddhist Ethics: Foundations, Values and Issues* (Cambridge: Cambridge University Press, 2000), 268; Harada Daiun Sōgaku quoted in B. D. A. Victoria, *Zen at War* (New York and Tokyo: Weatherhill, 1998), 137; Yasutani Haku'un quoted in D. Loy, 'Review of Zen War Stories', *Journal of Buddhist Ethics* 11 (2004), 67–73; 'In Infusing the Suicidal Japanese Military Spirit ···', quoted in B. D. A. Victoria, *Zen War Stories* (London: Routledge Curzon, 2003), 144; S. Jenkins, 'The Range of the Bodhisattva: A Mahāyāna Sūtra', *Journal of Buddhist Ethics* 21 (2014), 429–41, 434; W. L. King, *Zen and the Way of the Sword: Arming the Samurai Psyche* (New York: Oxford University Press, 1993), 190–1; S. Raghavan, 'Politics of Sinhala Saṅgha: Venerable Walpola Rāhula', *Journal of the Oxford Centre for Buddhist Studies* 1 (2011), 114–33; Mipham, Jamgon, *The Just King: The Tibetan Buddhist Classic on

Leading an Ethical Life, trans. José Ignacio Cabezón (Boulder, Colo.: Snow Lion, 2017); the quotation from Aung San Suu Kyi is from an interview conducted by South Korea's *Buddhism* newspaper on the occasion of its 43rd Anniversary, 7 January 2003, report at ⟨http://www.burmalibrary.org/TinKyi/archives/2003-01/msg00013.html⟩.

제6장 낙태

Bhikkhu Nyanamoli, *The Path of Purification* (Berkeley: Shambhala Publications, 1976); *The Lamp thoroughly Illuminating the Presentation of the Three Basic Bodies-Death, Intermediate State and Rebirth* by Yang-jen-ga-way-lo-drö, trans. Lati Rinbochay and J. Hopkins, *Death, Intermediate State and Rebirth in Tibetan Buddhism* (London: Rider, 1979), 62; for an example of a Buddhist pro-choice argument based on the idea of evolving personhood see M. G. Barnhart, 'Buddhist Perspectives on Abortion and Reproduction', in *The Oxford Handbook of Buddhist Ethics* (Oxford: Oxford University Press, 2018), 592-610; M. A. Warren, 'On the Moral and Legal Status of Abortion', *The Monist*, 57, no. 1 (January 1973); 'Hymn to Jizo' from Masaharu Anesaki, in J. A. MacCullagh et al. (eds), *The Mythology of All Races* (New York: Cooper Square, 1964), vol. viii, 240; 'The blessing of the child I had expected …' quoted in R. F. Young, 'Abortion, Grief, and Consolation: Prolegomena to a Christian Response to Mizuko Kuyo', *Japan Christian Quarterly* (Tokyo) 55 (1989), 31-9; on abortion in Japan see M. Kato, 'Abortion and the Pill: Abortion still Key Birth Control', *The Japan Times*, 20 October 2009; J. Wilson, *Mourning the Unborn Dead: A Buddhist Ritual Comes to America* (New York and Oxford: Oxford University Press, 2009).

제7장 자살과 안락사

D. Halberstam, *The Making of a Quagmire* (New York: Random House, 1965), 128; 'Before closing my eyes to go to Buddha …' quoted in Charles A.

198

Joiner, 'South Vietnam's Buddhist Crisis: Organization for Charity, Dissidence, and Unity', *Asian Survey* 4, no. 7 (1964), 915–28, 918; Thich Nhat Hanh, *Vietnam: The Lotus in a Sea of Fire* (London: SCM Press, 1967); for translations of the *Brahmajāla Sūtra* see S. Shigeru, *The Very Mahayana Buddhist Ethics: Introduction and Translation of the 'Fan-Wang-Ching'* (Tokyo: Chuo University Press, 2005), or ⟨http://www.ymba.org/books/brahma-net-sutra-moral-code-bodhisattva/brahma-net-sutra⟩; the Dalai Lama quoted in C. Campbell, 'The Dalai Lama Has Been the Face of Buddhism for 60 Years: China Wants to Change That', *Time*, 7 March 2019 ⟨http://time.com/longform/dalai-lama-60-year-exile/⟩; J. Benn, 'Where Text Meets Flesh: Burning the Body as an "Apocryphal Practice" in Chinese Buddhism', *History of Religions* 37, no. 4 (May 1998), 295–322; D. Keown, 'Buddhism and Suicide: The Case of Channa', *Journal of Buddhist Ethics*, 3 (1996), 8–31; statistics on self-immolation by Tibetans are available from the International Campaign for Tibet: ⟨http://www.savetibet.org/resources/fact-sheets/self-immolations-by-tibetans/⟩; the most recent 'Declaration on Euthanasia and Physician-Assisted Suicide' by the World Medical Association dated 27 October 2019 can be found at ⟨https://www.wma.net/policies-post/declaration-on-euthanasia-and-physician-assisted-suicide/⟩.

제8장 복제, 사이보그, 특이점

Professor Yong Moon, 'Buddhism at One with Stem Cell Research', *ABC Science Online*, ⟨http://www.abc.net.au/science/news/stories/s1046974.htm⟩, 18 February 2004; G. E. Pence, *Who's Afraid of Human Cloning?* (Lanham, Md: Rowman and Littlefield, 1998), 1; Buddhaghosa's comments on twins can be found at *Visuddhimagga* 575 and DA.ii.509; 'The Proceedings of the First Conference on Gene Editing' are available at ⟨http://nationalacademies.org/gene-editing/Gene-Edit-Summit/index.htm⟩; see also the commentary in *Nature* by leading scientists calling for a moratorium on hereditable genome editing, ⟨https://www.nature.com/articles/d41586-019-00726 -5⟩; 'Transhumanism is a class of philosophies …' from ⟨https://humanityplus. org/philosophy/⟩; J. J. Hughes, 'Using Neurotechnologies to Develop Virtues: A Buddhist Approach to Cognitive Enhancement', *Accountability in Research: Policies and Quality Assurance* 20, no. 1 (1 January 2013), 27–41, 10; for a sceptical view of virtue enhancement see N. Agar, 'Moral Bioenhancement is Dangerous', *Journal of Medical Ethics* 41, no. 4 (1 April 2015), 343–5; J. J. Hughes, 'Cyborg Buddha', *Tricycle* (Summer 2010); the Cyborg Buddha Project has a website at ⟨https://ieet.org/index.php/IEET2/cyborgbuddha⟩; B. Russell, *The Conquest of Happiness* (London: Routledge, 2015), 37; J. Habermas, *Future of Human Nature* (Cambridge: Polity Press, 2003); F. Fukuyama, 'Transhumanism', *Foreign Policy* (blog) ⟨https://foreignpolicy. com/2009/10/23/transhumanism/⟩.

더 읽어볼 자료

총론

P. Harvey, *An Introduction to Buddhist Ethics: Foundations, Values and Issues* (Cambridge: Cambridge University Press, 2000).

Daniel Cozort and James Mark Shields (eds), *The Oxford Handbook of Buddhist Ethics* (Oxford: Oxford University Press, 2018).

The *Journal of Buddhist Ethics* 〈https://blogs.dickinson.edu/buddhistethics/〉.

제1장 불교의 도덕관

P. Groner, 'The Bodhisattva Precepts', in *The Oxford Handbook of Buddhist Ethics* (Oxford: Oxford University Press, 2018), 29-50; P. Harvey, *An Introduction to Buddhist Ethics: Foundations, Values and Issues* (Cambridge: Cambridge University Press, 2000), chapters 1-3; P. Harvey, 'Karma', in *The Oxford Handbook of Buddhist Ethics* (Oxford: Oxford University Press, 2018), 7-28; D. Keown, *Buddhism: A Very Short Introduction*, 2nd edn (Oxford: Oxford University Press, 2013); C. S. Prebish, 'The Vinaya', in *The Oxford Handbook of Buddhist Ethics* (Oxford: Oxford University Press, 2018), 96-115; M. Pye, *Skilful Means: A Concept in Mahāyāna Buddhism* (London: Duckworth, 1978); H. Saddhatissa, *Buddhist Ethics* (Boston: Wisdom, 1997); J. Whitaker and Douglass Smith, 'Ethics, Meditation, and Wisdom', in *The Oxford Handbook of Buddhist Ethics* (Oxford: Oxford University Press, 2018), 51-73; M. Wijayaratana, *Buddhist Monastic Life* (Cambridge: Cambridge University Press, 1990).

제2장 동서의 윤리사상

S. Blackburn, *Ethics: A Very Short Introduction* (Oxford: Oxford University

Press, 2003); D. J. Fasching and D. Dechant (eds), *Comparative Religious Ethics: A Narrative Approach* (Oxford: Blackwell, 2001); C. Goodman, *Consequences of Compassion: An Interpretation and Defense of Buddhist Ethics* (Oxford and New York: Oxford University Press, 2009); C. Gowans, *Buddhist Moral Philosophy: An Introduction* (New York: Taylor and Francis, 2015); R. Hindery, *Comparative Ethics in Hindu and Buddhist Traditions* (Delhi: Motilal Banarsidas, 1978); W. B. Irvine, *A Guide to the Good Life: The Ancient Art of Stoic Joy* (Oxford and New York: Oxford University Press, 2008); D. Keown, 'Human Rights', in *The Oxford Handbook of Buddhist Ethics*, ed. Daniel Cozort and James Mark Shields (Oxford: Oxford University Press, 2018), 531–51; D. Keown, C. Prebish, and W. Husted, *Buddhism and Human Rights* (London: Curzon Press, 1998); D. Keown, *The Nature of Buddhist Ethics* (Basingstoke: Palgrave, 2001); S. B. King, *Being Benevolence: The Social Ethics of Engaged Buddhism* (Honolulu: University of Hawai'i Press, 2005); S. B. King, 'Buddhism and Human Rights', in *Religion and Human Rights: An Introduction*, ed. John Witte Jr and M. Christian Green (Oxford and New York: Oxford University Press, 2012), 103–18; D. Little and S. B. Twiss, *Comparative Religious Ethics* (San Francisco: Harper and Row, 1978); C. Meinert and Hans-Bernd Zollner, *Buddhist Approaches to Human Rights* (New Brunswick, NJ, and London: Transaction Publishers, 2010); C. Queen, *Engaged Buddhism in the West* (Boston: Wisdom, 2000); C. Queen, Charles Prebish, and Damien Keown (eds), *Action Dharma: New Studies in Engaged Buddhism* (London: Routledge Curzon, 2003); S. Meynard Vasen, 'Buddhist Ethics Compared to Western Ethics', in *The Oxford Handbook of Buddhist Ethics* (Oxford: Oxford University Press, 2018), 317–34; H. Widdows, 'Is Global Ethics Moral Neo-Colonialism? An Investigation of the Issue in the Context of Bioethics', *Bioethics* 21, no. 6 (1 July 2007), 305–15.

제3장 동물과 환경

A. H. Badiner, *Dharma Gaia: A Harvest of Essays in Buddhism and Ecology* (Berkeley: Parallax Press, 1990); G. Barstow, *Food of Sinful Demons: Meat, Vegetarianism, and the Limits of Buddhism in Tibet* (New York: Columbia University Press, 2019); Bodhipaksa, *Vegetarianism* (Birmingham: Windhorse, 1999); S. Dhammika, *Nature and the Environment in Early Buddhism* (Singapore: Buddha Dhamma Mandala Society, 2015); I. Harris, 'Buddhism and Ecology', in Damien Keown (ed.), *Contemporary Buddhist Ethics* (Richmond: Curzon Press, 2000), 113–35; P. Harvey, *An Introduction to Buddhist Ethics: Foundations, Values and Issues* (Cambridge: Cambridge University Press, 2000), chapter 4; A. Heirman, 'How to Deal with Dangerous and Annoying Animals: A Vinaya Perspective', *Religions* 10, no. 2 (2019), 113; S. P. James, *Zen Buddhism and Environmental Ethics* (Aldershot: Ashgate, 2003); S. Kaza and K. Kraft, *Dharma Rain: Sources of Buddhist Environmentalism* (Boston: Shambhala Publications, 2000); S. Kaza, 'Buddhist Environmental Ethics: An Emergent and Contextual Approach', in *The Oxford Handbook of Buddhist Ethics* (Oxford: Oxford University Press, 2018), 432–52; J. Macy, *World as Lover, World as Self* (Berkeley: Parallax Press, 1991); R. Ohnuma, *Unfortunate Destiny: Animals in the Indian Buddhist Imagination* (New York: Oxford University Press, 2017); K. Sandell (ed.), *Buddhist Perspectives on the Ecocrisis* (Kandy: Buddhist Publication Society, 1987); L. Schmithausen, 'The Early Buddhist Tradition and Ethics', *Journal of Buddhist Ethics* 4 (1997), 1–74; L. Schmithausen, 'Buddhism and the Ethics of Nature: Some Remarks', *The Eastern Buddhist*, New Series 32 (2000), 26–78; P. de Silva, *Environmental Philosophy and Ethics in Buddhism* (New York: St Martin's Press, 1998); M. E. Tucker and D. R. Williams, *Buddhism and Ecology: The Interconnection of Dharma and Deeds* (Cambridge, Mass.: Harvard University Press, 1997); P. Waldau, *The Specter of Speciesism: Buddhist and Christian Views of Animals* (New York: Oxford University

Press, 2002); T. Page, *Buddhism and Animals* (London: Ukavis, 1999); J. Stewart, *Vegetarianism and Animal Ethics in Contemporary Buddhism* (Routledge, 2018).

제4장 성과 젠더

J. I. Cabezón, *Buddhism, Sexuality, and Gender* (Albany, NY: State University of New York Press, 1992); J. I. Cabezón, *Sexuality in Classical South Asian Buddhism* (Somerville, Mass.: Wisdom Publications, 2017); S. Collins, 'Remarks on the Third Precept: Adultery and Prostitution in Pali Texts', *Journal of the Pali Text Society* 29 (2007), 263–84; U. Das, 'Women, Marriage, and Merit-Making in Early Buddhism', *Journal of Dharma Studies* 1, no. 1 (1 October 2018), 129–45; B. Faure, *The Red Thread: Buddhist Approaches to Sexuality* (Princeton: Princeton University Press, 1998); B. Faure, *The Power of Denial: Buddhism, Purity, and Gender* (Princeton: Princeton University Press, 2003); C. Gamage, *Buddhism and Sensuality: As Recorded in the Theravāda Canon* (Evanston, Ill.: Northwestern University, 1998); A. Gleig, 'Queering Buddhism or Buddhist De-Queering?', *Theology & Sexuality* 18, no. 3 (1 January 2012), 198–214; R. M. Gross, *Buddhism After Patriarchy: A Feminist History, Analysis, and Reconstruction of Buddhism* (Albany, NY: State University of New York Press, 1992); P. Harvey, *An Introduction to Buddhist Ethics: Foundations, Values and Issues* (Cambridge: Cambridge University Press, 2000), chapters 9–10; W. A. LaFleur, 'Sex, Rhetoric, and Ontology: Fecundism as an Ethical Problem', in S. Ellingson and M. C. Green (eds), *Religion and Sexuality in Cross-Cultural Perspective* (London: Routledge, 2003), 51–82; A. P. Langenberg, 'Buddhism and Sexuality', in *The Oxford Handbook of Buddhist Ethics* (Oxford: Oxford University Press, 2018), 567–91; L. P. N. Perera, *Sexuality in Ancient India: A Study Based on the Pali Vinayapitaka* (Kelaniya, Sri Lanka: University of Kelaniya, 1993); J. Powers, *Bull of a Man* (Cambridge, Mass., and London:

Harvard University Press, 2012); S. Smith, Sally Munt, and Andrew Yip, *Cosmopolitan Dharma: Race, Sexuality, and Gender in British Buddhism* (Leiden and Boston: Brill, 2016); J. Stevens, *Lust for Enlightenment: Buddhism and Sex* (Boston: Shambhala, 1990); J. Whitaker, 'A Storm is Coming: Tibetan Buddhism in the West', *Patheos* American Buddhist Perspectives (blog), 15 November 2017. 〈https://www.patheos.com/blogs/americanbuddhist/2017/11/a-storm-is-coming-tibetan-buddhism-in-the-west.html〉.

제5장 전쟁, 폭력, 테러리즘

A. Abeysekara, *Colors of the Robe* (Columbia, SC: University of South Carolina Press, 2008); T. J. Bartholomeusz, *In Defence of Dharma: Just-war Ideology in Buddhist Sri Lanka* (London: Routledge Curzon, 2002); A. J. Coates, *The Ethics of War*, 2nd edn (Manchester: Manchester University Press, 2016); E. J. Harris, 'Buddhism and the Justification of War: A Case Study from Sri Lanka', in P. Robinson (ed.), *Just War in Comparative Perspective* (Aldershot: Ashgate, 2003), 93–106; I. Harris, *Buddhism and Politics in Twentieth-Century Asia* (London: Continuum, 2001); P. Harvey, *An Introduction to Buddhist Ethics: Foundations, Values and Issues* (Cambridge: Cambridge University Press, 2000), chapter 6; P. D. Hershock, 'From Vulnerability to Virtuosity: Buddhist Reflections on Responding to Terrorism and Tragedy', *Journal of Buddhist Ethics* 10 (2003), 21–38; E. Ford, *Cold War Monks: Buddhism and America's Secret Strategy in Southeast Asia* (New Haven: Yale University Press, 2018); M. Jerryson, 'Buddhism, War, and Violence', in Daniel Cozort and James Mark Shields (eds), *The Oxford Handbook of Buddhist Ethics* (Oxford: Oxford University Press, 2018), 453–78; K. Kraft, *Inner Peace, World Peace: Essays on Buddhism and Nonviolence* (Albany, NY: State University of New York Press, 1992); P. Lehr, *Militant Buddhism: The Rise of Religious Violence in Sri Lanka, Myanmar and Thailand* (New York: Palgrave Macmillan, 2018); G. D. Paige and S. Gilliatt, *Buddhism and Non-Violent Global Problem-Solving* (Honolulu: Center for Global Nonviolence Planning Project, Spark M. Matsunaga Institute for Peace, University of Hawaii Press, 1991); L. Schmithausen, 'Aspects of the Buddhist Attitude Towards War', in Jan E. M. Houben and Karel R. Van Kooij (eds), *Violence Denied: Violence, Non-Violence and the Rationalization of Violence in South Asian Cultural History* (Leiden: Brill, 1999), 45-67; U. Tahtinen, *Non-Violent Theories of Punishment: Indian and Western* (Delhi: Motilal Banarsidass, 1983); B. D. A. Victoria, *Zen at War* (New York and Tokyo: Weatherhill, 1997); B. D. A. Victoria, *Zen War Stories* (London: Routledge Curzon, 2003); M. J. Walton, *Buddhism and the Political: Organisation and Participation in the Theravāda Moral Universe* (New York: C. Hurst & Co. Publishers Ltd, 2020).

제6장 낙태

A comprehensive annotated bibliography can be found in the author's article 'Buddhism and Abortion' in the online *Oxford Bibliographies* series; M. G. Barnhart, 'Buddhist Perspectives on Abortion and Reproduction', in Daniel Cozort and James Mark Shields (eds), *The Oxford Handbook of Buddhist Ethics* (Oxford: Oxford University Press, 2018), 592-610; R. Florida, 'Buddhism and Abortion', in D. Keown (ed.), *Contemporary Buddhist Ethics* (Richmond: Curzon Press, 2000); H. Glassman, *The Face of Jizō: Image and Cult in Medieval Japanese Buddhism* (Honolulu: University of Hawai'i Press, 2012); H. Hardacre, *Marketing the Menacing Fetus in Japan* (Berkeley: University of California Press, 1997); P. Harvey, *An Introduction to Buddhist Ethics: Foundations, Values and Issues* (Cambridge: Cambridge University Press, 2000), chapter 8; D. Keown, *Buddhism and Abortion* (London/Honolulu: Macmillan/University of Hawaii Press, 1999); D. Keown, *Buddhism and Bioethics* (London: Palgrave, 2001), 65-138; W. A. LaFleur, *Liquid Life: Abortion and Buddhism in Japan* (Princeton: Princeton University Press,

1992); A. Whittaker, *Abortion, Sin and the State in Thailand* (London: RoutledgeCurzon, 2004); J. Wilson, *Mourning the Unborn Dead: A Buddhist Ritual Comes to America* (New York and Oxford: Oxford University Press, 2009).

제7장 자살과 안락사

D. Keown, 'Euthanasia', in D. Cozort and J. M. Shields (eds), *The Oxford Handbook of Buddhist Ethics* (Oxford and New York: Oxford University Press, 2018), 611–29; M. Kovan, 'Being and its Other: Suicide in Buddhist Ethics', in *The Oxford Handbook of Buddhist Ethics* (Oxford: Oxford University Press, 2018), 630–49; C. B. Becker, 'Buddhist Views of Suicide and Euthanasia', *Philosophy East and West* 40 (1990), 543–56; R. Florida, 'Buddhist Approaches to Euthanasia', *Studies in Religion* [*Sciences religieuses*] 22 (1993), 35–47; P. Harvey, *An Introduction to Buddhist Ethics: Foundations, Values and Issues* (Cambridge: Cambridge University Press, 2000), chapter 7; D. Keown and J. Keown, 'Karma, Killing and Caring: Buddhist and Christian Perspectives on Euthanasia', *Journal of Medical Ethics* 21 (1995), 265–9; R. W. Perrett, 'Buddhism, Euthanasia and the Sanctity of Life', *Journal of Medical Ethics* 22 (1996), 309–13; P. Ratanakul, 'To Save or Let Go: Thai Buddhist Perspectives on Euthanasia', in D. Keown (ed.), *Contemporary Buddhist Ethics* (Richmond: Curzon Press, 2000), 169–82; A. Terrone, 'Burning for a Cause: Self-Immolations, Human Security, and the Violence of Nonviolence in Tibet', *Journal of Buddhist Ethics* 25 (2018), 465–529; J. Yu, 'Reflections on Self -Immolation in Chinese Buddhist and Daoist Traditions', in Margo Kitts (ed.), *Martyrdom, Self-Sacrifice, and Self-Immolation: Religious Perspectives on Suicide* (New York: Oxford University Press, 2018), 264–79.

제8장 복제, 사이보그, 특이점

M. G. Barnhart, 'Nature, Nurture, and No-Self: Bioengineering and Buddhist

Values', *Journal of Buddhist Ethics* 7 (2000), 126–44; A. Buben, 'Personal Immortality in Transhumanism and Ancient Indian Philosophy', *Philosophy East and West* (Early Release Article, 2019 〈https://doi.org/doi:10.1353/pew.0.0131〉); B. Huimin, 'Buddhist Bioethics: The Case of Human Cloning and Embryo Stem Cell Research' (in Chinese), *Chung–Hwa Buddhist Journal* 15 (2002), 457–70; J. J. Hughes, 'Buddhism and our Posthuman Future', *Sophia* (26 October 2018) 〈https://doi.org/10.1007/s11841-018-0669-2〉; A. Huxley, 'The Pali Buddhist Approach to Human Cloning', in S. Voneki and Rüdiger Wolfrum (eds), *Human Dignity and Human Cloning* (Leiden: Springer, 2004), 13–22; M. LaTorra, 'What is Buddhist Transhumanism?', *Theology and Science* 13, no. 2 (3 April 2015), 219–29; J. Rifkin, *The Biotech Century* (London: Phoenix, 1999); J. Schlieter, 'Some Observations on Buddhist Thoughts on Human Cloning', in H. Roetz, *Cross–Cultural Issues in Bioethics —The Example of Human Cloning* (Amsterdam: Rodopi, 2006), 179–202; P. Ratanakul, 'Human Cloning: Thai Buddhist Perspectives', in H. Roetz (ed.), *Cross–Cultural Issues in Bioethics: The Example of Human Cloning* (Amsterdam: Rodopi, 2006), 203–14; J. Tham, Chris Durante, and Alberto García Gómez (eds), *Interreligious Perspectives on Mind, Genes and the Self: Emerging Technologies and Human Identity* (Abingdon, Oxon. and New York: Routledge, 2018).

찾아보기

지은이 **데미언 키온**(Damien Keown)

영국 옥스포드 대학교에서 불교학으로 박사학위를 취득한 후 런던대학 골드스미스 칼리지 교수로 봉직 후 퇴임하였으며 현재 명예교수이다. 이론윤리와 응용윤리학에 관한 저술과 논문을 다수 발표한 불교윤리학 분야의 대표적 학자이다. 저술로 *The Nature of Buddhist Ethics*(Palgrave, 2001), *Buddhism and Bioethics*(Palgrave, 2001), *Buddhism: A Very Short Introduction*(Oxford University Press, 2000, 2013), *Buddhist Ethics: A Very Short Introduction*(Oxford University Press, 2005, 2020), and the *Dictionary of Buddhism*(Oxford University Press, 2003) 등이 있다.

옮긴이 **조은수**(趙恩秀)

불교철학을 전공하며, 현재 서울대학교 철학과 명예교수이다. 미국 버클리 대학교에서 불교학으로 박사학위(Ph.D.)를 하였고, 미국 미시건 대학교 아시아언어문화학과 조교수 역임 후, 2004년 서울대학교 철학과 교수로 부임하여 2023년에 퇴임하였다. 서울대학교 규장각 국제한국학센터 초대소장, 불교학연구회 회장, 유네스코 아시아태평양지역 세계기록문화유산 출판소위원회 의장 등을 역임하였으며, 미국 버클리 대학교와 예일 대학교 초빙교수를 지냈다. 주요 저서로 *Language and Meaning: Buddhist Interpretations of "the Buddha's word" in Indian and Chinese Perspectives*, 『불교와 근대, 여성의 발견』, *Korean Buddhist Nuns and Laywomen*(편저), *From Eternity to Eternity*(번역서), 『불교 과문집』(공저), 『마음과 철학』(공저), 『21세기의 동양철학』(공저) 등이 있다.

대원불교 학술총서 24 불교윤리학 입문

초판 1쇄 인쇄 2024년 12월 3일 | 초판 1쇄 발행 2024년 12월 11일
지은이 데미언 키온 | 옮긴이 조은수 | 펴낸이 김시열
펴낸곳 도서출판 운주사

(02832) 서울시 성북구 동소문로 67-1 성심빌딩 3층

전화 (02) 926-8361 | 팩스 0505-115-8361

ISBN 978-89-5746-858-6 03220 값 15,000원

http://cafe.daum.net/unjubooks 〈다음카페: 도서출판 운주사〉